Guillaume Foresti

Formes et Variations du Cinéma Fantastique

Guillaume Foresti

Formes et Variations du Cinéma Fantastique

Éditions universitaires européennes

Impressum / Mentions légales

Bibliografische Information der Deutschen Nationalbibliothek: Die Deutsche Nationalbibliothek verzeichnet diese Publikation in der Deutschen Nationalbibliografie; detaillierte bibliografische Daten sind im Internet über http://dnb.d-nb.de abrufbar.

Alle in diesem Buch genannten Marken und Produktnamen unterliegen warenzeichen-, marken- oder patentrechtlichem Schutz bzw. sind Warenzeichen oder eingetragene Warenzeichen der jeweiligen Inhaber. Die Wiedergabe von Marken, Produktnamen, Gebrauchsnamen, Handelsnamen, Warenbezeichnungen u.s.w. in diesem Werk berechtigt auch ohne besondere Kennzeichnung nicht zu der Annahme, dass solche Namen im Sinne der Warenzeichen- und Markenschutzgesetzgebung als frei zu betrachten wären und daher von jedermann benutzt werden dürften.

Information bibliographique publiée par la Deutsche Nationalbibliothek: La Deutsche Nationalbibliothek inscrit cette publication à la Deutsche Nationalbibliografie; des données bibliographiques détaillées sont disponibles sur internet à l'adresse http://dnb.d-nb.de.

Toutes marques et noms de produits mentionnés dans ce livre demeurent sous la protection des marques, des marques déposées et des brevets, et sont des marques ou des marques déposées de leurs détenteurs respectifs. L'utilisation des marques, noms de produits, noms communs, noms commerciaux, descriptions de produits, etc, même sans qu'ils soient mentionnés de façon particulière dans ce livre ne signifie en aucune façon que ces noms peuvent être utilisés sans restriction à l'égard de la législation pour la protection des marques et des marques déposées et pourraient donc être utilisés par quiconque.

Coverbild / Photo de couverture: www.ingimage.com

Verlag / Editeur:
Éditions universitaires européennes
ist ein Imprint der / est une marque déposée de
OmniScriptum GmbH & Co. KG
Heinrich-Böcking-Str. 6-8, 66121 Saarbrücken, Deutschland / Allemagne
Email: info@editions-ue.com

Herstellung: siehe letzte Seite /
Impression: voir la dernière page
ISBN: 978-3-8417-4689-4

Copyright / Droit d'auteur © 2015 OmniScriptum GmbH & Co. KG
Alle Rechte vorbehalten. / Tous droits réservés. Saarbrücken 2015

Formes et Variations Du Cinéma Fantastique

SOMMAIRE

- NOTION DE GENRE..................................p.3

- GENRE FANTASTIQUE.............................p.4
    1. RAPPORT A LA REALITE........................p.5
    2. LA PEUR..p.6

- CINEMA FANTASTIQUE...........................p.8
    1. PLAN HAPTIQUE..................................p.9
    2. QUESTION DU MOTIF.........................p.10
    3. PHENOMENE DE LA REPETITION..........P.11
        Le Cinéma, Art de la Répétition
        La Répétition au Service du Cinéma Fantastique
        Le "Cycle Poe" de Roger Corman

- NOTIONS FANTASTIQUES........................p.19

ENS Louis Lumière 2004.

Formes et Variations Du Cinéma Fantastique

- **PANORAMA HISTORIQUE
    DU CINEMA FANTASTIQUE..........p.21**

    1. CINEMA DES ORIGINES..............................p.21
    2. ARRIVEE DU PARLANT...........................p.22
    3. A PARTIR DES ANNEES CINQUANTE........p.23
    4. LE CINEMA FANTASTIQUE FRANÇAIS........p.31

        Georges Méliès

        Louis Feuillade

        Jean Epstein

        Jean Cocteau

        Jacques Tourneur

        Georges Franju

        Jolivet, Besson, Caro et Jeunet

        Bee Movies

- **ANALYSE DE LA PARTIE PRATIQUE.....p.44**

- **FILMOGRAPHIE...p.54**

- **BIBLIOGRAPHIE..p.64**

ENS Louis Lumière 2004.

Formes et Variations Du Cinéma Fantastique

NOTION DE GENRE

La notion de genre est une notion essentielle. Elle est omnisciente dans l'univers de l'expression artistique et quiconque "fait de l'art" s'inscrit dans un genre. Par ce genre, on cerne et délimite l'univers propre à celui qui s'exprime. Les motifs, les sujets, les notions, les thèmes, les champs esthétiques et sémantiques utilisés par l'artiste sont alors autant d'indices et de clefs pour l'exégète afin de positionner l'oeuvre dans tel genre ou dans tel autre. La notion de genre serait donc un "outil" universel de classification, permettant de définir une oeuvre – quelle soit visuelle, sonore ou sensitive – par sa propension à utiliser des paramètres précis, un code jalonné et un profil structuré.

Or, si le propre de la notion de genre semble être, par définition, de schématiser l'expression artistique, ce n'est finalement qu'en apparence. Ces "étiquettes" si promptement collées au dos des oeuvres d'art ne sont en définitive jamais totalement exactes ou respectées. La réalité et la tangibilité de la notion de genre réside ainsi précisément dans la capacité de l'art à ne jamais se résoudre à être enfermé dans une catégorie propre. Le genre dans le domaine de l'art existe pour être contredit, maltraité, malmené, secoué, nié et, en définitive, redéfini à chaque instant d'expression. Le genre existe pour permettre à l'art de ne pas le respecter. Il existe pour que l'art ne soit jamais enfermé, pour que l'art soit toujours en mouvement. Pour que l'art soit vivant.

Formes et Variations Du Cinéma Fantastique

Au-delà de l'acceptation des limites à définir une oeuvre uniquememt par le genre auquel elle appartient, et une fois acquis le fait que l'art possède la qualité irréductible de ne jamais pouvoir être défini de façon stricte ni restreint à des genres précis prédéfinis, on s'aperçoit que certains genres sont plus aisément palpables et identifiables. Le fantastique est de ceux-ci. Souvent mal considéré par rapport aux autres genres, le genre fantastique compte pourtant parmi les plus riches et les plus fascinants. Et comme l'a écrit le critique de cinéma Jean-Louis Bory : « il n'existe pas de genres mineurs, il n'y a que des auteurs minables. »

GENRE FANTASTIQUE

Pour Robert Bresson, il n'y a « pas d'art sans transformation »[1]. Cet énoncé régit l'essence même de la notion fantastique. Le fantastique est le genre le plus exacerbé de la transformation (de la réalité, des perceptions, du prévisible, du plausible...). C'est sans conteste le genre où la transformation a ses occurences les plus flagrantes.

Quel que soit le champ dans lequel il s'exprime, le genre fantastique possède une constante unique et inaugurale qui s'adjoint par définition à lui : le rapport à la réalité.

---

[1] Robert Bresson, in *Notes sur le Cinématographe*, éditions Gallimard, Paris, 1975.

Formes et Variations Du Cinéma Fantastique

RAPPORT A LA REALITE

La réalité est propre à chaque être humain. Elle n'a pas à être assimilée car elle est omnisciente à la vie, elle *fait* l'existence. Sans réalité, pas de vie. Or, le fantastique n'est purement et simplement qu'une remise en cause – partielle ou totale – de la réalité, cette réalité qui régit notre existence. C'est donc la réalité (en l'occurence, le non-respect ou la négation de celle-ci) qui confère au fantastique son universalité la plus totale.

Cette universalité irrigue les puissances du fantastique de façon incessante, jusqu'à le faire fréquemment sourdre loin de ses terres d'origine (que sont la science-fiction, la terreur, le merveilleux, la légende...) en contaminant de-ci de-là tous les autres univers qui le côtoient.

Tout ce qui est donc relatif à un décalage avec la réalité, avec notre quotidien, avec la "normalité" (il faut être très prudent avec ce terme, car ce qui est "normal" pour un individu peut paraître "anormal" pour un autre groupe ou catégorie de personnes, et ainsi du fantastique et de sa perception) rentre dans le champ du fantastique.

C'est par cette infime voie que s'immisce le fantastique, par cette porte entrouverte entre le rationnel et l'inexplicable, le tangible et le mystérieux, l'humain et l'autre. C'est par cette brèche, véritable pont entre deux univers, qu'il se faufile, venant dès lors irradier totalement le monde des humains, *notre* monde, pour ne plus s'en défaire.

Un autre propos de Robert Bresson sur la notion de "création" est à ce point de vue riche d'enseignements : « Créer n'est pas déformer ou inventer des personnes ou des choses, c'est nouer entre des personnes et des choses qui

Formes et Variations Du Cinéma Fantastique

existent et telles qu'elles existent des rapports nouveaux »[2]. C'est dans cet interstice que se situe le fantastique. Il est par conséquent indispensable, lorsqu'on choisit d'évoluer dans les méandres du fantastique, de donner vie à des personnes et des choses véritablement ancrées dans le réel de manière à ce que les rapports nouveaux que l'on fait émerger entre elles soient la création d'un autre, de l'Autre, et que de cette confrontation brutale entre préexistant et nouveau jaillisse le fantastique. Il existe ainsi une dépendance irréductible du fantastique au monde réel, ou tout au moins à un monde identique à celui du récepteur (le lecteur, le spectateur, l'auditeur, en un mot : "la victime"). Le fantastique ne parle que du sujet : hors d'un regard, rien n'est fantastique ; mais à partir de lui tout peut le devenir. Le positionnement précis de celui qui le considère est nécessaire pour qu'il prenne vie en tant que fantastique.

LA PEUR

Cette distanciation, ce rapport nouveau avec ce que l'on connaît, avec les cadres visibles et rassurants de notre existence, a une conséquence inévitable qui va de pair avec la notion fantastique : la peur.

Ce qu'on ne connaît pas, ce qui est "hors-norme", inexplicable, inassimilable par notre raison et inacceptable par les mécanisme du cerveau humain nous effraie. C'est là que bien souvent réside la puissance ultime du genre fantastique. Il joue sur l'une des cordes les plus sensibles du ressenti humain, et son universalité évoquée plus haut lui assure une efficacité constante, quelque soit le mode d'expression qu'il emploie, le contexte dans lequel il s'exprime, ainsi que les destinataires choisis.

---

[2] Ibid.

Formes et Variations Du Cinéma Fantastique

Le fantastique et la peur composent donc un couple où les correspondances et les connexions entre l'un et l'autre se renforcent réciproquement. Plus on pénètre profondément sur les terres fantastiques, moins on est proche de la réalité. Etre éloigné de cette dernière nous expose alors à la peur et à l'angoisse, ne sachant plus à quoi s'appuyer, n'ayant plus la raison et la rationnalité comme béquilles.

La peur, comme le fantastique, est une notion puissamment universelle et on peut établir certains "codes" récurrents et communs à tous, qui encadrent cette sensation, laquelle compte parmi les plus fortes de la nature humaine.

Formes et Variations Du Cinéma Fantastique

Cinema Fantastique

Parmi les différentes expressions artistiques capables d'élaborer et de mettre en place des univers fantastiques, le cinéma est un des plus efficaces illustrateurs et représentants de ce genre fascinant.

De par sa nature même – le visuel, l'illusion, le visible immédiat – le cinéma est sans doute le lieu d'expression où le champ des possibles fantastiques a un potentiel d'extensibilité exploitable à l'infini. Sa capacité à recréer un monde qui donne l'illusion d'être identique au nôtre mais qui ne l'est *originellement* pas permet au cinéma de faire surgir le fantastique d'un instant à l'autre, d'une séquence à l'autre, d'un plan à l'autre, voire d'un photogramme à l'autre s'il le souhaite.

Dans la création fantastique, l'élément sensoriel est à la base de toute amorce de la peur, à l'origine de toute tentative de communiquer l'épouvante ; d'où l'importance cruciale des images. L'image est au centre du dispositif fantastique, et de son élaboration (qu'elle soit mentale ou visuelle) dépend la totalité et la puissance de l'impact émotionnel sur le receveur – en l'occurrence le spectateur. Dans son ouvrage sur l'écrivain de littérature fantastique H.P.Lovecraft, Maurice Lévy résume parfaitement cette notion : « [...] des images de rêves, qu'il convient d'immobiliser sous une forme telle qu'elles puissent être déchiffrées et comprises par tous. Des images porteuses d'angoisse

Formes et Variations Du Cinéma Fantastique

et susceptibles de communiquer la peur, surtout capables de suggérer ce qui est l'essence même du fantastique – l'obsédante présence de l'inconnu. »[3]

PLAN HAPTIQUE

Le cinéma fantastique est un cinéma éminemment sensoriel, un cinéma du total ressenti. Il possède une forte propension à faire fonctionner chez le spectateur non plus uniquement son regard mais plutôt un au-delà de son regard, en quelque sorte le "toucher de son regard". C'est le « plan haptique de la représentation » cher à Aloïs Riegl. Contrairement au plan optique qui suppose l'éloignement des choses, le plan haptique suggère les perceptions du toucher (par exemple la certitude du caractère solide et impénétrable de ce qu'on voit). Dans son ouvrage[4], Riegl définit ainsi le plan haptique : « c'est celui que l'oeil perçoit lorsqu'il adhère de si près à la surface d'une chose que tous les contours et surtout toutes les ombres par lesquels pourrait se trahir un changement de profondeur disparaissent. » Cette idée est indissociable de l'avancée des choses vers nous, de la poussée de l'espace, de sorte que la suggestion des perceptions tactiles peut faire choc. Le regard ne possède donc plus le motif, il est possédé par lui. La faculté visuelle du spectateur est envahie par le fantastique, il ne peut plus s'en défaire, et se retrouve contraint d'y adhérer. Le spectateur est *dans* le fantastique.

---

[3] Maurice Levy, in Lovecraft ou du Fantastique, Christian Bourgeois éditeur, Paris, 1985.
[4] Aloïs Riegl, *L'Art Roman Tardif*, 1905, édtions L'Harmattan, 2003.

Formes et Variations Du Cinéma Fantastique

QUESTION DU MOTIF

Au-delà de ce positionnement original du spectateur et de son regard, la représentation même du motif est appréhendée d'une façon singulière. Le motif n'est plus considéré de façon attendue et ordonnée, mais au contraire par un biais nouveau, pas encore assimilé par le spectateur. Le cinéaste français Jean Epstein parle de « l'aspect photogénique d'un objet [donc du motif] [qui] est une résultante de ses variations dans l'espace-temps »[5]. Cette distinction est analysée par Alain Bergala dans un article consacré à Jean-Luc Godard, intitulé « l'autre côté du bouquet »[6]. Bergala y fait la distinction entre *disposition* et *attaque* du motif. La disposition c'est la composition attendue du motif dans le plan. Par opposition, l'attaque du motif c'est proposer une nouvelle disposition, ne pas s'ordonner au prévisible, c'est-à-dire créer un intervalle entre le motif et son image. Cette représentation nouvelle d'une chose préexistante, génératrice de surprise et de malaise, permet au fantastique de s'immiscer dans cet intervalle.

PHENOMENE DE LA REPETITION

Ces concepts "théoriques" concernant le genre fantastique ne doivent pas faire oublier que celui-ci utilise des codes et des thèmes très établis de façon à reproduire sans cesse les mêmes effets recherchés.

C'est sans doute dans cette volonté de récurrence des effets que s'explique en partie le phénomène de répétition très présent dans le cinéma fantastique.

---

[5] Jean Epstein, *Ecrits sur le Cinéma*, 1921-1954, éditions Seghers, Paris.
[6] Titre faisant référence à une phrase qu'Auguste Renoir adressa à Matisse : « je peins souvent les bouquets du côté où je ne les ai pas préparés »

Formes et Variations Du Cinéma Fantastique

Répétition des thèmes, des motifs et des sujets d'un film à l'autre et d'un cinéaste à un autre, mais également à l'intérieur d'un même film ou encore dans le phénomène des suites et des cycles par exemple.

Le Cinéma, Art de la Répétition

Dans un sens général, la répétition est une spécificité du cinéma. « Le cinéma n'existe que pour faire revenir ce qui a déjà été vu une fois » écrivait le critique Serge Daney. Le cinéma est un art de la reproduction technique ; les frères Lumière ont inscrit le cinéma dans la répétition, en vendant les copies de leurs films, et dans leurs projections on passait plusieurs fois les films. De plus, il existe au moins trois versions connues de *La Sortie des Usines Lumière* qui prouvent que le cinéma des origines est déjà un art de la répétition, tout comme d'ailleurs le cinéma fantastique primitif. Ainsi, le célèbre *Voyage dans la Lune* de Georges Méliès réalisé en 1902 a été repris par Ferdinand Zecca et les studios Pathé en 1905, et l'on trouve également une version de l'Espagnol Segundo de Chomon en 1909, intitulé *Excursion dans la Lune*. Quelques années plus tard, avec l'arrivée du cinéma parlant et les versions linguistiques multiples (parfois jusqu'à quatre versions du même film tournées simultanément dans quatre langues différentes) on assiste à une nouvelle forme de répétition où le film est dupliqué au moment même où il est entrain de se faire.

Le cinéma est également un art qui reproduit le réel, et qui peut répéter ses formes indéfiniment. C'est un art reproductible, il n'y a pas d'original, il n'y a que des copies. Il fait partie des arts qui ont un corps de rechange. La copie d'un film est une instance authentique qui a autant de valeur qu'une autre copie. L'opération exclusivement cinématographique du remake fait du cinéma un

Formes et Variations Du Cinéma Fantastique

véritable art de la répétition, le remake allant jusqu'à faire du cinéma son propre mythe.

La notion de répétition dans le cinéma concentre également en elle la répétition comme condition de consommation, comme mode de réception par le public. C'est le plaisir de répétition éprouvé par le spectateur, qui aime retrouver les mêmes histoires, les mêmes personnages, les mêmes frayeurs. C'est un fondement essentiel du cinéma fantastique où la fidélisation et donc la fidélité du public est un paramètre primordial. Plaisir et répétition sont ainsi liés au cinéma, c'est le comportement routinier [« comportement consolateur » dit Umberto Ecco] sollicité par la création d'une situation de demande.

La répétition dans le système des genres cinématographiques a permis de canaliser, de structurer, de maîtriser le public. Le genre a toujours été proche du principe de standardisation tout en jouant avec les frontières de ces mêmes standards.

La littérature fantastique étant par définition antérieure au cinéma fantastique, celui-ci a toujours été pris dans un réseau d'intertextualité qui présuppose la connaissance et l'assimilation de certaines notions, et par conséquent la répétition de ces dernières. Toutefois, on ne filme jamais deux fois la même image, et il y a inévitablement le plaisir de la différence dans ce qu'elle a d'infime, dans la légère variation qu'elle apporte.

L'imitation n'est pas du même ordre dans un art ou dans un autre. En littérature ou en musique, on ignore la copie, elle n'a pas de sens. Contrairement aux autres formes d'expressions artistiques, l'imitation en cinéma suppose une opération plus complexe. L'imitation devient une production nouvelle.

Formes et Variations Du Cinéma Fantastique

La Répétition au Service du Cinéma Fantastique

Le cinéma fantastique est l'illustrateur le plus évident de cette notion de répétition, notamment par le phénomène des suites (la série des *Aliens*, des *Dents de la Mer*, des *Halloween*, des *Freddy* pour n'en citer que quelques uns) et également des cycles. On peut prendre ainsi en exemple, dans la filmographie du cinéaste Roger Corman, une série de huit films adaptés de nouvelles de l'écrivain Edgar Allan Poe, série qui forme un véritable cycle où la répétition se met au service du fantastique et de l'épouvante.

Le "Cycle Poe" de Roger Corman

Entre 1960 et 1964, Roger Corman réalisa huit films adaptés de nouvelles d'Edgar Allan Poe : *House of Usher* – 1960 – (*La Chute de la Maison Usher*), *The Pit and the Pendulum* – 1961- (*La Chambre des Tortures*), *Tales of Terror* – 1962 – (*L'empire de la Terreur*), *The Premature Burial* – 1962 – (*L'Enterré Prématuré*), *The Raven* – 1963 – (*Le Corbeau*), *The Haunted Palace* – 1963 – (*La Malédiction d'Arkham*), *The Masque of the Red Death* – 1964 – (*Le Masque de la Mort Rouge*), et *The Tomb of Ligeia* – 1964 – (*La Tombe de Ligeia*).

On remarque, dans ces huit films qui constituent ce que l'on peut appeler le "cycle Poe", que se met en place une profonde récurrence d'un film à l'autre, et l'on retrouve l'utilisation des mêmes paramètres (acteurs, décors, costumes...), des mêmes procédés de mise en scène (musique, couleurs, plans...) et une atmosphère quasi-identique. C'est précisément ce phénomène de répétition reliant les oeuvres entre elles qui confère à cet ensemble de films le titre de "cycle", et qui permet de créer une forme très singulière de fantastique où l'on accède à une sorte de "proximité" de l'épouvante, tant il est vrai qu'au fil des films, cet univers – pourtant à l'origine très différent de notre monde – paraît de plus en plus familier au spectateur.

Ce qui se révèle tout d'abord sensible dans cet ensemble de films, c'est leur profonde interconnexion sur le plan visuel et formel. Le spectateur a fortement l'impression pour tous ces films d'évoluer dans le même décor : château isolé sur la crête d'une falaise, nature désolée, intérieur désuet voire intemporel, longs couloirs, corridors sombres, cachots, cryptes, lits à baldaquin.... Nous sommes, en fin de compte, en présence d'un univers à l'atmosphère éminemment baroque, gothique et décadente qui sied parfaitement à l'esprit poesque dont il s'inspire. Ce sentiment est corroboré par l'utilisation des costumes, tout aussi baroques, difficilement "situables" du point de vue de l'époque (un curieux mélange entre Moyen-Age, Renaissance et l'esprit de la série télévisée *Les Mystères de l'Ouest* sans la connotation "Western"...), qui participe à l'instauration de cette ambiance surrannée, laquelle est omnisciente tout au long du cycle. Un autre élément important, qui fait partie intégrante du décor, se répercute de film en film : l'emploi abondant du brouillard. Mis à part le moyen, avoué par Corman, de dissimuler par ce biais l'absence de décor (« dans la plupart des cas, il n'y avait au-delà que le mur du studio » disait-il), les brumes sont également la possibilité de créer aisément une atmosphère remplie d'onirisme, de romantisme et de mystère proche de celle de Poe.

A propos de la prépondérance des décors, il convient de noter le fait que pour rendre l'ambiance étouffante et claustrophobique de Poe, le cinéaste a recours quasi-exclusivement à des décors de studio (sauf pour le dernier opus – *The Tomb of Ligeia* – tourné en décors naturels). Il parvient, par ce biais, à instaurer une sensation de forte oppression et de véritable enfermement, allant de pair avec les nombreux sous-sols et cryptes où se déroulent l'action. Outre cet effet claustrophobique que procurent les décors de studio, ceux-ci participent également, à la manière du brouillard, à l'élaboration de l'irréalité la plus

Formes et Variations Du Cinéma Fantastique

complète au sein de l'univers éminemment onirique des récits de Poe : « chez Poe, à mon avis, tout est artificiel. C'est pourquoi j'ai tourné tous les extérieurs en studio. Un paysage véritable introduirait un réalisme que je refuse ».

D'autre part, il est important de noter que toutes les adaptations de Poe ont été tournées en couleur, ce qui leur confère un aspect singulier, dans la mesure où le cinéaste utilise les couleurs comme des instruments précis, afin de mettre en évidence et d'accentuer le sens de certaines notions et sensations. Lorsque Corman réalise *House of Usher* en 1960, il est le premier metteur en scène américain à utiliser le format scope et la couleur pour tourner un film d'épouvante. L'aspect chromatique est essentiel dans le cycle Poe, et doit beaucoup au talent du chef opérateur Floyd Crosby, qui attacha une grande importance à la signifiance des couleurs. Celles-ci soulignent le propos diégétique, en en accentuant les effets : grandiloquence du rouge, mystères des bleus sombres, contraste du jaune (les incendies) et du noir (la nuit)...

Au-delà du puissant aspect visuel qui relie ces films, une profonde interaction se met également en place au niveau des intrigues, lesquelles s'élaborent bien souvent autour de thèmes et d'événements similaires.

Ainsi, nous sommes régulièrement confrontés à des histoires d'enterrements vivants, de résurrections, de nécrophilies plus ou moins latentes, d'amours contrariés par la mort.... La récurrence de ces thèmes entraîne alors inévitablement des motifs caractéristiques : cercueils, mort omniprésente, obscurité, cimetières, caveaux, reflux de la mer, orages.... Ces motifs sont autant de symboles qui éclairent les événements et le conditionnement des personnages. On retrouve donc, d'un film à l'autre, les mêmes lignes narratives, qui sont l'illustration d'une symbolique réitérée incessamment par Corman dans chacune de ses adaptations.

Formes et Variations Du Cinéma Fantastique

Enfin, le dernier paramètre principal quant à l'élaboration du cycle, réside dans le fait que Corman fait quasiment toujours appel au même acteur pour interpréter le rôle principal : Vincent Price.

Hormis dans *The Premature Burial* où le rôle principal est tenu par Ray Milland, le personnage principal dans chacun de ces films est interprété par Vincent Price. Parfois maléfiques, parfois innocents, très souvent les deux à la fois, les personnages de Vincent Price constituent l'articulation essentielle de chaque intrigue. L'acteur insuffle à chacun des personnages qu'il incarne une élégance et une candeur surannées – tout à fait en phase avec l'esprit de Poe – alliées à un constant mystère qui contribue fortement à la création d'un univers déroutant. Ces personnages, tiraillés intérieurement par la peur et l'attirance simultanées de la mort, sont l'élément central de l'univers de ces films, et se révèlent être la figure cruciale du dispositif fantastique de Corman.

Si l'on resserre encore plus l'analyse du phénomène de répétition, on peut déceler dans ce cycle un ensemble de quatre films dans lesquels la première apparition du personnage de Price est traitée de façon quasi-identique. L'étude de ce cas précis permet non seulement de mettre en exergue la profonde circulation qui s'élabore d'un film à l'autre, mais également de voir l'effet que produit cette répétition au niveau de l'instauration de l'épouvante.

Dans les quatre films en question (*House of Usher*, *The Pit and the Pendulum*, l'épisode *Morella* de *Tales of Terror*, et *the Tomb of Ligeia*), les premières apparitions de Vincent Price se situent toutes entre les quatre et les sept premières minutes de chacun des films. Dans ceux-ci, le premier effet-choc de l'intrigue réside dans l'apparition violente de Price. En effet, alors que dès le générique et la première scène Corman installe le spectateur dans une atmosphère angoissante (brume, musique, nature désolée...), l'intrusion du personnage de Vincent Price agit telle une rupture par rapport à l'instauration initiale du film. Cette apparition est perçue comme une totale remise en cause de l'image, de

Formes et Variations Du Cinéma Fantastique

l'apparence première du film, de son rythme (montage très serré, musique qui s'emballe) et de son atmosphère (on n'est plus dans la suggestion de l'angoisse, mais littéralement face à elle). La surprise et l'effroi provoqués par le choc de l'intrusion de Price n'en sont ainsi que plus forts. Le réalisateur parvient par ce moyen à instaurer une sorte "d'aura", de charisme autour du personnage, qui ne le quittera plus durant tout le film. Corman économise ses effets-chocs afin de les placer à des moments stratégiques pour les investir de leur pleine puissance.

Dans la récurrence de l'apparition de Price dans chaque film s'instaure chez le spectateur une sorte d'attente de cette intrusion violente dans le plan, qui en décuple l'aspect horrifique. Le spectateur, alors habitué à le voir apparaître si subitement, attend cet instant avec une tension extrême. C'est dans l'attente que réside la quintessence du plaisir de l'angoisse. Or, on ne peut attendre une situation que si on l'a déjà appréhendée auparavant. Ainsi, de film en film, l'effet d'angoisse est décuplé par l'effet de répétition. La répétition devient un outil d'épouvante au service des films. L'attente qui se crée dans l'esprit du spectateur grâce à cette répétition est renforcée par le fait que les films de Corman, de courte durée et à faible budget, étaient essentiellement destinés à une diffusion en double-programme ; on pouvait ainsi voir deux de ses films l'un après l'autre, dans une même soirée. La surprise de l'apparition de Price dans le second film n'en était donc que plus intense, le spectateur ayant un souvenir évidemment très vif de l'angoisse ressentie lors du premier film.

Formes et Variations Du Cinéma Fantastique

Le phénomène de répétition est donc un paramètre crucial du cinéma fantastique et l'analyse de cet exemple précis nous montre à quel point cette récurrence agit sur le degré d'angoisse et de fantastique de ces oeuvres. Corman utilise la répétition comme un outil générateur de peur, comme un véritable moteur terrifique.

Il existe peu d'histoires d'épouvante différentes. Ce sont plus généralement des variations autour d'une même source. C'est donc généralement dans la récurrence, dans la redondance même de situations identiques que réside la peur du spectateur. Celui-ci attend l'effroi, il s'y prépare, se met dans l'ambiance, a peur de songer qu'il va avoir peur.

Ce "minimalisme" de ce qui fait la source fantastique, qui est à la base de l'épouvante en cinéma, permet aisément de poser les grandes phases marquantes qui ont fait le genre au fil des décennies.

Formes et Variations Du Cinéma Fantastique

Notions Fantastiques

Dans son ouvrage consacré à la littérature fantastique[7], Tzvetan Todorov précise que « le fantastique, c'est l'hésitation éprouvée par un être qui ne connaît que les lois naturelles face à un événement en apparence surnaturel ». Par extension, l'absence d'hésitation, le « surnaturel accepté » dit Todorov, c'est le merveilleux, et la résolution de l'hésitation [« le surnaturel expliqué »] c'est l'étrange.

Si l'on procède à une classification des diverses voies fantastiques, on peut dénombrer six "sous-catégories" qui correspondent constamment les unes avec les autres et dont les bornes se floutent à mesure qu'on les définit.

Au-delà de son utilisation "générique", on utilise plus précisément le terme Fantastique, lorsqu'on se trouve en présence, dans le monde réel, de phénomènes incompatibles avec les lois dites naturelles. Les histoires fantastiques traduisent le plus souvent l'intervention d'événements inexpliqués (revêtant un aspect scientifique ou non) dans la vie (plus ou moins quotidienne) des protagonistes.

On parle d'Anticipation, lorsque, dans un monde futur du réel, on se trouve en présence de phénomènes compatibles avec les lois dites naturelles du présent.

La Science-Fiction évolue, elle, dans un monde futur du réel (d'un point de vue scientifique), où entre en scène l'intervention de l'homme dans le processus des phénomènes incompatibles avec les lois dites naturelles.

On parle d'Horreur quand, dans le monde du réel, on se trouve en présence de phénomènes incompatibles avec les lois dites naturelles sensés provoquer des réactions dans le registre de la terreur. L'horreur peut être considérée comme une

---

[7] Tzvetan Todorov, *Introduction à la Littérature Fantastique*, collections Points Essais, éditions Le Seuil, Paris, 1970.

Formes et Variations Du Cinéma Fantastique

dérive du fantastique, c'est-à-dire que l'on y retrouve un type similaire d'histoire mais avec des effets horrifiques prompts à solliciter chez le spectateur la terreur.

Il y a <u>Epouvante</u> lorsque, dans le monde réel ou imaginaire, on se trouve en présence de phénomènes qui tendent à susciter chez le spectateur certaines réactions psychiques ou viscérales dans le registre de la peur et de l'angoisse. Le but de ce cinéma est donc de jouer avec les sensations immédiates du spectateur, provoquant le sursaut de ce dernier, en faisant intervenir des événements d'ordre fantastique ou non.

On utilise le terme de <u>Gore</u> lorsque, dans le monde réel ou imaginaire, on se trouve en présence de phénomènes qui tendent à susciter chez le spectateur certaines réactions psychiques ou viscérales poussées à l'extrême, voire même son dégoût.

Formes et Variations Du Cinéma Fantastique

Panorama Historique du Cinema Fantastique

Cinéma des Origines

Le pionnier du cinéma fantastique est assurément le prestidigitateur du théâtre Robert-Houdin, Georges Méliès, dont l'un des premiers sujets s'inscrit d'emblée dans le fantastique puisqu'il s'agit de *L'Escamotage d'une Dame* (1896), truc classique du music-hall, mais auquel le cinéma apporte un pouvoir d'illusion beaucoup plus fort. Presque tous les films de Méliès peuvent ainsi être rattachés au genre, des *Quatre Cents Farces du Diable* (1906) à *La Conquête du Pôle* (1912).

Bien que Méliès ait été copieusement pillé par les réalisateurs de la firme Pathé, notamment par Ferdinand Zecca (*Tempête dans une Chambre à Coucher*, 1902), et par les Américains, c'est le cinéma scandinave qui pose un nouveau jalon dans l'histoire du fantastique avec *La Sorcellerie à Travers les Ages*, de Benjamin Christensen (1921), extraordinaire catalogue des situations sadomasochistes, inspiré par les tableaux de Bosch et de Bruegel.

La troisième source importante du cinéma fantastique est le courant expressionniste allemand, notamment avec les films qui mettent en scène des psychiatres fous (*Le Cabinet du Docteur Caligari*, de Robert Wiene, 1920), des criminels (le fameux Mabuse), voire le personnage de la Mort elle-même (*Les*

Formes et Variations Du Cinéma Fantastique

Trois Lumières, de Fritz Lang, 1921) et toutes sortes de monstres, dans les films de Paul Leni (*Le Cabinet des Figures de Cire*, en 1924, pour sa période européenne, et notamment *La Volonté du Mort* (1927), *Le Perroquet Chinois* (1927) et *L'Homme qui rit* (1928) pour sa période américaine), de Paul Wegener (*Le Golem*, 1920) ou de Murnau (*Nosferatu le Vampire*, 1922).

Hollywood, de son côté, commença par s'inspirer des chefs-d'œuvre de la littérature fantastique pour en exploiter la poésie visuelle en adaptant, dès 1910, le *Frankenstein* de Mary Shelley, et, dès 1920, *Docteur Jeckyll et Mr. Hyde*, de Stevenson.

Cependant, le fantastique américain des années vingt s'incarne essentiellement en un acteur, Lon Chaney, et en un réalisateur exceptionnel, Tod Browning. Le premier, "l'acteur aux mille visages", contorsionniste à l'origine, rencontre le second en 1921. Ils donnèrent naissance ensemble à des films tels que *L'Oiseau Noir* (1926), *Londres après Minuit* (1927), *L'Inconnu* (1927), *À l'Ouest de Zanzibar* (1928), films où des éléments mélodramatiques se mêlent aux thèmes du double, de l'amputation et du travestissement et où l'opposition des valeurs diurnes et nocturnes prend une ampleur exceptionnelle.

ARRIVEE DU PARLANT

Le genre va connaître un essor considérable avec le parlant. En 1931, deux films marquent le début de deux cycles qui se révéleront productifs jusqu'à l'époque contemporaine à travers des séries de suites et de remakes : *Dracula* de Tod Browning et *Frankenstein* de James Whale. Ces deux films sont sans doute les plus puissants créateurs de suites du cinéma fantastique et sont les meilleurs exemples du phénomène de répétition évoqué précédemment.

Formes et Variations Du Cinéma Fantastique

Dès l'année suivante, et malgré les contraintes du code de la censure (le célèbre Code Hays), les écrans américains voient déferler les réussites les plus audacieuses : *Les Masques de Cire* (1933) de Michael Curtiz, servi par l'usage du Technicolor, les très « sadiennes » *Chasses du Comte Zaroff* (1933), d'E. B. Schoedsack, avec un Leslie Banks aussi raffiné que terrifiant, *L'Île du Docteur Moreau* (1932) d'E. C. Kenton, et surtout l'extraordinaire *Freaks ou la Monstrueuse Parade* (1932), dans lequel Tod Browning dirige de véritables phénomènes de cirque, afin de démontrer qu'ils sont plus humains que la belle écuyère Cléopâtre (Olga Baclanova), qui séduit crapuleusement le nain Hans.

Le genre aux Etats-Unis atteint son apogée avec l'aventure de *King Kong* (1933), de M. C. Cooper et E. B. Schoedsack, où le singe géant entreprend d'effeuiller la belle Fray Wray au sommet de l'Empire State Building et ne sera dompté que par une nuée d'avions.

A PARTIR DES ANNEES CINQUANTE

Les années cinquante verront le mariage monstrueux du fantastique et du burlesque. Les comiques Abott et Costello rencontrent alors Frankenstein. Il faut attendre Roger Corman pour que le genre connaisse un nouveau souffle, notamment avec ses adaptations des œuvres d'Edgar Poe, que nous avons évoqué auparavant.

Mais c'est du côté du vieux continent et notamment britannique que le genre du cinéma fantastique se renouvellera, principalement grâce à Terence Fisher, qui réalise des remakes assez personnels de Frankenstein (*Frankenstein*

Formes et Variations Du Cinéma Fantastique

s'est échappé, 1957) et de Dracula (*Le Cauchemar de Dracula*, 1958), avec deux acteurs anglais que ces rôles rendent célèbres : Peter Cushing et Christopher Lee.

La production italienne, de son côté, pour un temps, va concurrencer le fantastique anglo-saxon. Mario Bava adaptant Gogol signe un *Masque du Démon* (1960) à la plastique très soignée, pendant que Riccardo Freda et Antonio Margheriti retrouvent la veine gothique du genre avec *L'Effroyable Secret du Docteur Hichcock* (1962) et *La Vierge de Nuremberg* (1964).

Le cinéma fantastique va progressivement évoluer de plus en plus nettement vers un suspense satanique (*Rosemary's Baby*, 1968, de Roman Polanski), et vers le cauchemar du film d'épouvante (*Shining*, 1980, de Stanley Kubrick). Par cette fissure béante s'échappent des créatures suscitées par des peurs archaïques (*L'Exorciste*, 1973, de William Friedkin) ou par les angoisses provoquées par le sentiment que les créations scientifiques et techniques commencent à s'affranchir de l'homme, leur initiateur imprudent (*La Mouche*, 1986, de David Cronenberg), quant ce n'est pas l'homme lui-même qui est asservi (*Edward aux Mains d'Argent*, 1990, de Tim Burton).

Ces voies étant ouvertes, certains réalisateurs renouent avec les références premières du genre, de *Bram Stoker's Dracula* (1992), de Francis Ford Coppola, à *Entretien avec un Vampire* (1994), de Neil Jordan et *Vampires* (1998), de John Carpenter.

Le sous-genre fantastique qu'est le cinéma gore (tel qu'on l'entend aujourd'hui) puise lui ses racines au théâtre. Ses origines remontent au temps de Sénèque et de la Grèce antique où la tragédie théâtrale était prise très au sérieux et où les pièces mettant en scène des crimes en tout genre (le plus souvent familiaux) étaient jouées en direct par de vrais acteurs. Il faut attendre la fin du XIXème siècle et le célèbre théâtre français Grand-Guignol (situé près de

Formes et Variations Du Cinéma Fantastique

Montmartre) pour retrouver les occurrences et les prémices du cinéma gore. Ce théâtre fut fermé en 1963, un an avant ce qui sera considéré comme le véritable avènement du gore au cinéma : *Blood Feast*, du réalisateur américain Hershell Gordon Lewis.

Avant 1964, le gore cinématographique, l'horreur telle qu'elle était présentée au Grand-Guignol, n'existait pas véritablement. Certes, le cinéma fantastique classique faisait forcément appel à des effets horrifiques et on peut dater une des premières images gore à 1928, dans *Un Chien Andalou* de Luis Bunuel où un oeil est tranché par un rasoir. De plus, les premiers *Frankenstein* de James Whale distribués par Universal et qui immortalisèrent Bela Lugosi et Boris Karloff firent aussi leur effet à l'époque et restent des oeuvres puissantes d'une horreur gothique. Ces années 30 furent le premier âge d'or du fantastique et des films de monstres. Mais c'est vraiment dans les années 50-60 (le second âge d'or des "Horror Films") que le fantastique-horrifique prit son envol grâce aux films de la compagnie britannique Hammer Films. Avec plusieurs Dracula et Frankenstein, Terence Fisher plaida en faveur de la popularisation du genre, aidé en cela par Peter Cushing et Christopher Lee.

Mais il y a véritablement un avant et un après le *Blood Feast* de Lewis. Aucun film auparavant ne montrait au grand jour les parties du corps humain. On peut ainsi voir, pour la première fois, des meurtres forts sadiques : arrachage de langue, cannibalisme, crânes éclatés, etc... Le film eu un succès considérable dans les drive-in du grand sud américain. H.G.Lewis recommence l'expérience un an plus tard avec *2000 Maniacs*, et donne naissance ainsi à un genre qui n'a jamais cessé de contaminer le cinéma fantastique, jusqu'au plus traditionnel (*Il Faut Sauver le Soldat Ryan* de Steven Spielberg, *Trouble Every Day* de Claire Denis...).

Formes et Variations Du Cinéma Fantastique

La Nuit des Morts-Vivants (1968) de Georges A. Romero sera également un moment crucial dans le cinéma de genre car plutôt que de recycler les vieux mythes comme le fait la firme Hammer à cette époque, Romero ouvre une nouvelle voie dans l'épouvante en mettant en scène ce qui deviendra par la suite le premier mythe que le cinéma gore ait créé : les zombies.

Au début des années soixante-dix, on assiste à une renaissance du cinéma fantastique italien.

Forte des bases posées dans les années soixante par les Américains, l'Italie fait preuve d'une originalité rare lors de la décénnie suivante. Deux cinéastes majeurs, Mario Bava et Dario Argento, y décuplèrent leurs forces pour donner trois oeuvres fortement reconnaissables où les effets gores s'intégrent à une mise en scène ingénieuse. En effet, contrairement aux films d'H.G. Lewis et de Romero, où le spectateur assistait passivement aux atrocités, ici, le spectateur devient acteur grâce à des effets techniques inventifs (caméra, couleurs, décors). Mario Bava fût le premier à donner une dimension esthétiques aux effets gores. *La Baie Sanglante* (1971) sera considéré comme le chef-d'oeuvre inaugural qui guidera le cinéma italien. Bava montrera ainsi l'avance qu'il avait sur son temps en initiant malgré lui avec ce film ce qui sera désigné sous le terme de "slashers".

Dario Argento, quant à lui, appliquera les préceptes de Bava dans *Profondo Rosso* en 1974, où la violence graphique y est sublimée, tout comme dans *Suspiria* (1977).

Parallèlement, la France et l'Italie s'unissent pour produire deux oeuvres d'une mélancolie et poésie gore rarement égalées : *Chair pour Frankenstein* et *Du Sang pour Dracula* (1974), films imaginés par Andy Warhol, qui mêla le gore à l'art.

Formes et Variations Du Cinéma Fantastique

Aux Etats-Unis, quelques films se démarquent totalement de l'originalité européenne en donnant une vision malsaine et réaliste de l'horreur.

En 1973 sort sur les écrans *L'Exorciste* de William Friedkin, qui deviendra rapidement l'un des plus gros succès critiques et publiques du cinéma d'horreur. Le film marquera les esprits par l'absence totale de prise de position du réalisateur lorsque le spectateur assiste, impuissant, au martyre de la fillette. La thématique de la religion en lutte contre les puissances sataniques sera reconduite notamment dans *The Omen* (*La Malédiction*, 1975) de Richard Donner, et les nombreuses suites que ces deux films générèrent.

En 1974, *The Texas Chainsaw Massacre* (*Massacre à la Tronçonneuse*) de Tobe Hooper, se situe dans une approche profondément réaliste de l'horreur et de l'atrocité, en se basant sur un fait divers véridique et en se plaçant parfois – chose inédite dans l'histoire du cinéma jusque-là – du côté du tueur et du mal ; ce positionnement original du réalisateur aboutit à une forme hybride de cinéma, une sorte de « film d'auteur-d'horreur ». Ce statut singulier permit au film d'accéder au rang de film culte, qui généra à son tour de nombreuses suites et ersatz, plus ou moins inspirés. Il fut longtemps interdit en France et fut le premier film classé X pour violence.

La synthèse de ces deux pans de l'horreur brute et du cinéma gore (le gore italien, stylisé et coloré, et le gore américain, cru et réaliste), se produit en 1978 avec le film *Zombie* (*Dawn Of The Dead*), suite de *la Nuit des Morts-Vivants* (*Night of the Living Dead*), du même Georges Romero. Le scénario est co-écrit par Dario Argento, qui signe également le montage (pour la version européenne), et la musique.

Au-delà de son intention horrifique d'origine, le film est doublé d'un message politique qui critique ouvertement la société de consommation. A l'image d'autres genres qui lui sont antérieurs (la comédie, le mélodrame...), le

Formes et Variations Du Cinéma Fantastique

gore devient, grâce à cette œuvre, un univers "prétexte", un moyen pour dissimuler toutes sortes de messages et de dénonciations. Comme ses prédécesseurs, *Dawn of the Dead* provoqua une multitude de suites et de variations, de *L'Enfer des Zombies* de l'Italien Lucio Fulci jusqu'à son propre remake éponyme présenté à Cannes cette année (2004) et réalisé par Zack Snyder. Ce film (auquel on peut adjoindre également le récent remake de *The Texas Chainsaw Massacre*) prouve la formidable vitalité de ce genre, en occupant la première place du box office américain depuis plusieurs semaines. Simultanément à cette vague de films de morts vivants, un cinéma fantastique plus "intimiste" émerge, notamment avec le succès (critique et commercial) de *Halloween*, réalisé par John Carpenter. Le film lance l'icône imperturbable du cinéma d'horreur : le serial killer masqué, et son représentant le plus terrifiant : Michael Myers.

Alors que le genre évoluait d'une manière incroyable dans les années soixante-dix avec ses différents courants et influences, le cinéma fantastique des années quatre-vingt n'innove que rarement, il s'enlise et s'enferme, victime de ses clichés et de ses règles immuables. Paradoxalement, cette décennie sera celle de l'explosion du marché vidéo, et la souplesse de ce mode de distribution favorisa la quantité des productions au détriment de leur qualité.

Néanmoins, deux réalisateurs sont à classer totalement hors normes dans cette période par leur talent à s'imprégner du cinéma fantastique afin d'en faire un grand cinéma des sens et du sens : John Carpenter et David Cronenberg. Alors que le premier s'attache à un fantastique très classique sur le fond et dépouillé sur la forme, Cronenberg livre des versions organiques et malsaines de ses terreurs récurrentes. Les deux cinéastes se caractérisent par une appropriation éminemment personnelle des puissances fantastiques, en renouvelant sans cesse la source dans laquelle ils puisent, ce qui assure leur intégrité et leur longévité.

Formes et Variations Du Cinéma Fantastique

En 1986, Romero clôture lui-même son cycle de morts vivants avec *Day of the Dead*, où son regard critique ne se porte plus sur la société de consommation comme dans *The Dawn of the Dead*, mais désormais sur les rapports avec l'autorité, en particulier l'autorité militaire.

La mode des "slashers"[8], films qui mettent en scène des tueurs en série masqués qui s'attaquent généralement à des groupes d'adolescents très caractéristiques, a été lancée à l'origine par le *Halloween* de Carpenter et connaîtra ses plus nombreuses illustrations dans les années quatre-vingt (avec un retour au phénomène dans les années quatre-vingt-dix grâce à la trilogie *Scream* initiée par Wes Craven).

Pour établir un panorama plus ou moins exhaustif du genre à cette époque, il convient de citer également la saga des *Aliens* (débutée en 1979 par Ridley Scott), celle de Freddy Krueger (variation originale d'un slasher où le serial killer fait le lien entre réalité et monde des cauchemars), la série des *Vendredi 13*, et les nombreux films mettant en scène des animaux maléfiques (piranhas, araignées, serpents...) inaugurés par *Jaws* (*Les Dents de la Mer*) réalisé par Steven Spielberg.

Les années quatre-vingt-dix ne se démarqueront pas par leur originalité, le genre semblant être arrivé à un état de tarissement des mythes fantastiques et de leurs variations possibles. On assiste alors à une réelle surenchère avec par exemple les films gore extrêmes de Peter Jackson (*Bad Taste* et *Brain Dead*), qui atteindront les sommets du gore et achèveront un genre déjà bien à l'agonie.

---

[8] Le terme "slasher" vient du verbe anglais to slash, qui signifie taillader, faire une balafre.

Formes et Variations Du Cinéma Fantastique

Ce survol du cinéma fantastique ne serait pas complet sans évoquer d'autres cinématographies tout à fait singulières et créatrices de nouvelles formes de l'épouvante.

Ainsi, les films fantastiques d'Amérique du sud durant les années soixante, avec les réalisateurs Alejandro Jodorowsky (*The Holy Mountain*, *Santa Sangre*), Jose Mojica Marins (*At Midnight I Will Take Your Soul*, *Strange Hostel of Naked Pleasure*) et l'Espagnol Paul Naschy (*Dr Jekyll versus the Werewolf*, *Inquisition*) ont eu, à défaut d'un véritable impact hors de leurs frontières, un "visage" fortement indépendant du cinéma fantastique dominant, et une vraie personnalité puissamment identifiable (notamment par leur propension à utiliser des motifs et des thèmes se rattachant aux croyances ancestrales, aux rites vaudous et aux religions "déviantes").

Le récent cinéma fantastique asiatique (Corée du Sud, Thaïlande mais surtout Japon), quant à lui, a acquis ces dernières années une notoriété mondiale, avec notamment le succès publique de la saga *Ring*, réalisée par Hideo Nakata (dont le remake américain sorti sous le titre *The Ring* en 2003 prouve l'importance du phénomène). Succès publique, mais également succès critique avec les films de Kyoshii Kurosawa (*Cure*, *Charisma*, et surtout le magnifique *Kaïro*) et le culte grandissant pour Shinia Tsukamoto (*Tetsuo*, *Gemini*, *Hiruko*) et Takeshi Miike (*Audition*, *Ichi the Killer*, *Dead or Alive*).

Formes et Variations Du Cinéma Fantastique

LE CINEMA FANTASTIQUE FRANCAIS

Cette vigueur solide que connaît actuellement le cinéma fantastique japonais n'est malheureusement pas le lot de la plupart des autres cinématographies, beaucoup d'entre elles étant moribondes dans ce genre particulier, comme c'est notamment le cas pour la France.

Il n'y a pas de tradition "nationale" en France concernant le cinéma fantastique. Toutefois, le cinéma fantastique français, sans n'avoir jamais eu aucun "âge d'or", s'est illustré par le biais de certains cinéastes majeurs en faisant un fantastique de manière sporadique d'une grande rigueur et poésie dans la forme, et d'un discours très spirituel.

Georges Méliès fut la première personne à prendre conscience que le plus grand pouvoir expressif du cinéma ne résidait non pas dans sa capacité à rendre compte du monde réel sur la pellicule, mais en y faisant apparaître des univers totalement nouveaux. Méliès faisait des films avec des événements totalement inédits, qui n'ont jamais existé dans la réalité mais seulement dans l'oeil de la caméra, et, ce faisant, il influença et inspira des générations de techniciens et d'artistes d'effets spéciaux et posa les bases du développement du cinéma fantastique.

Créateur d'une forme particulière de cinéma, à savoir le *serial*, Louis Feuillade est une des figures marquantes du cinéma fantastique du début du siècle. Avec des films déclinés en de multiples épisodes tels que *Fantômas* (1913-14), *Les Vampires* (1915-16) ou *Barrabas* (1919), Feuillade inventa en quelque sorte le thriller à suspense.

Formes et Variations Du Cinéma Fantastique

Ses films regorgent d'héros masqués, de criminels, de conspirations et d'illusions à grande échelle. L'univers de Feuillade navigue fréquemment entre suspense, tension et irréalité. Mais la vraie force de son cinéma repose dans la juxtaposition d'une fantaisie onirique avec un réalisme hérité des Lumière. Il n'utilise pas la magie de Méliès mais élabore un monde magique singulièrement personnel. Le mouvement surréaliste considéra son *Fantômas* comme un exemple d'art pur et abouti, et des cinéastes majeurs tels que Alain Resnais, Georges Franju et Claude Chabrol citent tous Feuillade comme une influence importante sur leur propre travail.

Les années vingt furent marquées en matière de fantastique par le magnifique *La Chute de la Maison Usher*, réalisé en 1928 par Jean Epstein.

Pour ce film, Epstein emprunta la nouvelle d'Edgar Allan Poe *The Fall of the House of Usher* comme principale inspiration, et la mélangea avec d'autres récits de cet auteur comme *Le Portrait Ovale* et *La Tombe de Ligeia*. Dans ce film, Roderick Usher (Jean Debucourt) est un artiste fou, hanté par l'obsession de peindre le portrait parfait de sa femme Madeleine (Marguerite Gance). Le tableau s'emparera finalement de l'âme de cette dernière, laissant son corps sans vie apparente, corps que Roderick enterrera dans la crypte familiale. Mais la crainte de Roderick que sa femme ne soit pas morte se révéla fondée rapidement, lorsque le "cadavre" de Madeleine sort de son caveau pour recouvrir la demeure de son mari de sa vengeance implacable.

La Chute de la Maison Usher est d'une grande beauté plastique et formelle, et le discours de la création artistique transformée en folie et en destruction psychique, plaçant l'art dans une position ambivalente de fascination et de répulsion, y est exacerbé et reste la plus efficace illustration de ce thème maintes fois illustré.

Le film d'Epstein est devenu l'une des plus belles adaptations de l'univers onirique de Poe. Avec son univers puissamment gothique et ses effets visuels

Formes et Variations Du Cinéma Fantastique

marquants, *La Chute de la Maison Usher* devint le lien manquant entre l'expressionnisme excessivement stylisé du muet allemand qui le précéda (*Caligari* en 1918, *Dr Mabuse* en 1922, *Nosferatu* en 1922) et les productions qui suivirent (*Dracula* en 1931, *Frankenstein* en 1931) plus conduites, elles, par leur narration et détachées du lyrisme onirique d'Epstein.

Après ce film, la carrière d'Epstein connut un déclin rapide. Le courant surréaliste, emmené par André Breton, lui reprocha sa propension à "faire de l'art pour l'art". Epstein appartient à la même communauté d'avant-garde qui rejeta Feuillade, le considérant comme étant bassement populaire. Avec la même vivacité avec laquelle ils consacrèrent le *Fantômas* de Feuillade au rang de chef d'oeuvre, les surréalistes condamnèrent le travail d'Epstein pour son apparente prétention.

Jean Cocteau alimenta lui aussi de son univers très singulier le cinéma fantastique, en mettant en oeuvre un fantastique aux puissances oniriques et poétiques extrêmes.

Ainsi, *La Belle et la Bête* (réalisé en 1945), rempli de châteaux enchantés, de transformations monstrueuses et d'envoûtements mystiques, est plus un conte fantastico-romantique qu'un film terrifiant et gothique. Néanmoins, l'étrange poétique de Cocteau a un côté sombre et est remplie de visions magiques et d'effets spéciaux troublants loin du mythe original et de l'adaptation faite par les studios Disney par exemple.

Dans son rôle de bête torturée, Jean Marais compose l'un des monstres les plus convaincants que le cinéma ait connu. Cocteau a conçu lui-même le visage de la bête, son intention étant de conférer à ce monstre la plus grande humanité possible[9], et d'ainsi montrer que, à l'exception de la belle, les humains sont plus monstrueux que la bête elle-même.

---

[9] On retrouvera d'ailleurs cette même volonté de s'approcher de l'humain dans le travail du maquilleur John Chamber pour ses créations dans *La Planète des Singes* (*Planet of The Apes*, 1968).

Formes et Variations Du Cinéma Fantastique

Parmi les autres réalisations fantastiques de Jean Cocteau, il faut noter aussi l'importance du *Testament d'Orphée* où le cinéaste s'exerce à une formidable variation sur le thème de la mort et de l'existence post mortem.

Jacques Tourneur, bien que d'origine française, est un cinéaste ayant fait intégralement carrière aux Etats-Unis. On ne peut donc légitimement pas le considérer comme un des représentants du cinéma fantastique français. Toutefois, l'originalité qu'il apporta dans le genre et qui bouleversa de façon irréversible tout le pan de ce que l'on appellera le "fantastique suggéré" fit de ce cinéaste un auteur tout à fait à part. Sa finesse et sa rigueur stylistique (caractéristiques essentielles de l'univers tourneurien) ne sont pas sans rappeler un certain style "à la française", tout en précision et subtilité. Son cinéma est littéralement irrigué par cette démarche d'une maîtrise absolue et on peut en définitive faire de Tourneur l'emblème d'un cinéma hybride à mi-chemin entre France et Etats-Unis, en puisant dans chaque nation le meilleur de sa cinématographie.

Cette rigueur et cette maîtrise totales de son art au service du fantastique s'illustrent dans chacun des films de Jacques Tourneur, que ce soit *I Walked With a Zombie* en 1943, ou *La Féline* (*Cat People*) en 1942.

A ce propos, l'analyse précise et approfondie de la mise en scène et de l'invention de montage dans une séquence de *La Féline* est très révélatrice de la conception de Tourneur de prendre son "objet" filmique en tant que véritable "objet d'art", conception somme toute très française.

Cette séquence débute au bout de vingt minutes de film. L'action se passe dans l'appartement de Irena Dubrovna (Simone Simon), où celle-ci est entrain de dessiner. Elle décide de s'arrêter et se dirige vers la cage de l'oiseau que son mari, Oliver Reed (Kent Smith), lui a offert. Elle entreprend alors de glisser sa

Formes et Variations Du Cinéma Fantastique

main à l'intérieur de la cage pour, semble-t-il, tenter d'attraper le canari. Cette action provoque brusquement la mort de l'oiseau. Irena va alors mettre le corps de ce dernier dans une boîte, ce qui conclut la séquence.

La scène ouvre sur un paravent, en gros plan, sur lequel est peinte une panthère, gueule ouverte, les griffes en avant. Le paravent est éclairé par le soleil, de telle manière que l'ombre de la cage et de l'oiseau – qui sont hors-champ – se reflète sur celui-ci, très exactement à l'endroit de la gueule menaçante de la panthère. La caméra effectue alors un travelling arrière, jusqu'à ce qu'Irena, assise devant sa planche à dessin, entre dans le champ. Après un dernier trait de crayon, Irena se lève et s'empare d'un chiffon pour s'essuyer les mains. La caméra change alors d'angle en utilisant un raccord dans le mouvement : celui d'Irena s'essuyant les mains. Entre les deux plans, la caméra a "pivoté" à quasiment 180° : alors que dans le premier plan c'est l'ombre de la cage qui se trouve au centre de l'image, dans le second c'est la cage elle-même que l'on a au milieu de l'écran (à l'arrière-plan). Irena se dirige ensuite vers la cage ; une coupe franche permet alors de montrer en plan rapproché le visage de la jeune femme et la cage. S'opère ensuite un champ/contre-champ entre la main d'Irena s'introduisant dans la cage et son visage, d'abord réjoui puis brusquement triste. Ce changement d'expression est immédiatement explicité par le contre-champ sur l'oiseau mort. La fin de la séquence est agencée de manière assez neutre et classique. Pour l'analyse, il est toutefois intéressant de mettre en évidence le fait que la transition entre cette scène et la suivante s'effectue par l'utilisation d'un fondu enchaîné.

Ce qui fait sens dans cette séquence, c'est la force du premier plan (l'ombre de l'oiseau dans la gueule de la panthère peinte) et le premier raccord (le raccord dans le mouvement) rapportés à l'ensemble de la scène, voire à l'ensemble du film. Le montage a ici une fonction essentielle quant à l'atmosphère générale de l'oeuvre et à l'élaboration du propos principal.

Formes et Variations Du Cinéma Fantastique

Le plan d'ouverture de la séquence – l'ombre de l'oiseau sur la gueule de la panthère – est primordial par rapport à l'essence même de la scène. Tourneur, par ce plan, crée une sorte de "surimpression réelle", effective, constatable dans la réalité, qui, à aucun moment, n'est le fruit d'un quelconque procédé cinématographique (hormis la position de la caméra). En utilisant la réalité pour élaborer un "effet", appartenant d'ordinaire à l'imagerie cinématographique (la surimpression), le réalisateur parvient à confondre le cinéma et la réalité en les superposant, et en faisant naître des circulations nouvelles entre ces deux "mondes". Par ce biais, il instaure une nouvelle réalité, quelque part entre l'artificialité du cinéma et la réalité de la vie. A la vision de l'ensemble du film, cette autre "dimension" (comment la nommer autrement ?) est manifeste et permet au cinéaste d'aller pleinement jusqu'au bout de son propos, à savoir l'irruption du fantastique le plus incroyable dans un réel des plus concrets.

L'importance de ce premier plan réside tout d'abord dans sa fonction "anticipatrice". En effet, le cinéaste, par cette image, invente un plan qui fonctionne comme la prédiction de la suite des événements, en suggérant la mort imminente du canari. Certes, l'oiseau ne meurt pas exactement dans ces conditions, mais la prédiction devient réellement effective dans la scène suivante, introduite par un fondu enchaîné, où l'on voit Irena se rendre au zoo et jeter le corps de l'oiseau dans la cage de la panthère.

Outre cette fonction de prédiction, la raison d'être de ce plan d'ouverture réside dans sa capacité à représenter l'irreprésentable. En ce sens, ce plan est tout à fait significatif et emblématique de l'ensemble du film et du formidable talent de suggestion de Tourneur. En effet, à aucun moment du film, le cinéaste ne montre l'horreur mais se contente de la suggérer en s'interdisant de visualiser l'objet de l'effroi (dans ce cas présent, la transformation de la femme en fauve). L'originalité de ce plan réside dans le fait que Touneur parvient à contourner l'impossible (montrer la transformation) sans rien perdre de la force de son

Formes et Variations Du Cinéma Fantastique

propos, lequel est même amplifié par la suggestion créée par cette image. Ce premier représente ce que la suite de la séquence ne pourra pas représenter.

Par extension, on peut considérer que le cinéaste, par cette suggestion, élabore une sorte de métaphore de la suite de la séquence. En effet, le travail métaphorique a ici pour fonction l'évocation indirecte de la représentation femme/panthère qui, sans le détour métaphorique, serait infilmable. Dans son ouvrage, Jacques Gestenkorn, à propos de la métaphore dit ceci : « L'activité métaphorique correspond à une dynamique de prédication, de transfert ou d'échange d'une ou plusieurs qualités entre les deux référents mis en relation. »[10] C'est exactement ce qui se produit ici. Le transfert panthère/oiseau à femme/oiseau s'élabore ainsi par le biais de la métaphore.

A propos de la métaphore filmique, Marcel Martin écrit : « J'appelle métaphore la *juxtaposition* par le moyen du montage de deux images dont la confrontation doit produire dans l'esprit du spectateur un choc psychologique dont le but est de faciliter la perception et l'assimilation d'une idée que le réalisateur veut exprimer par le film. »[11]

Dans la présente scène, la juxtaposition évoquée par Marcel Martin se fait par le biais du raccord dans le mouvement. Il semble alors intéressant de voir à quel point l'utilisation spécifique de ce type de raccord est primordial dans cette séquence.

Le raccord dans le mouvement est par essence la transparence du raccord, sa négation même, au profit des images. Le raccord est là pour disparaître et faire de deux plans distincts une unité homogène. Ici le raccord dans le mouvement est indispensable pour servir le propos des images. En effet, s'il n'y avait pas l'utilisation de ce type de raccord, c'est-à-dire si les deux plans étaient juxtaposés par le biais d'une coupe franche par exemple, l'image métaphorique et

---

[10] Jacques Gestenkorn, *La métaphore au cinéma*, éditions Méridiens, Klincksieck, 1995, Page 132.
[11] Marcel Martin, *Le Langage Cinématographique*, éditions Les Editeurs Français Réunis, 1977, Page 103.

Formes et Variations Du Cinéma Fantastique

anticipatrice de la panthère serait trop descritpif, trop démonstrative. Là, les deux plans sont conjoints non par le motif mais par le mouvement, ce qui a pour effet d'éviter la redondance de deux images trop "semblables". Le résultat obtenu par l'utilisation de cet "effacement" du raccord est donc la superposition des deux plans, lesquels acquièrent par-là même davantage de force de suggestion. Le raccord dans le mouvement fait s'élaborer une analogie entre les deux plans, et le spectateur est subtilement informé du lien qui les unit.

La juxtaposition particulière de ces deux plans ainsi obtenue permet également une "lecture" plus orientée, plus précise du second plan. Ce dernier acquiert une valeur nouvelle grâce à sa relation avec le premier plan. En effet, en mettant directement en rapport (par le raccord dans le mouvement) le premier plan avec le second, Tourneur crée une focalisation sur la cage dans le second plan. Certes, celle-ci se trouve au milieu de l'image ce qui attire notre regard, mais elle est nettement à l'arrière-plan, et de plus elle est immobile alors que sur la gauche, Irena fait des mouvements. Le cinéaste, par son insistance sur la cage dans le plan d'ouverture, oblige le spectateur à une localisation fétichiste de son regard – le fameux « punctum » de Roland Barthes – sur la cage dans le second plan.

Enfin, on peut considérer que Tourneur se sert du « spatium » du premier plan, c'est-à-dire de sa représentativité, de son aspect tangible et constatable, pour créer une déduction de l'acte non filmé de la mort de l'oiseau. Celle-ci, tout aussi effective, est néanmoins invisible à l'image, la caméra se limitant en effet à nous montrer le visage d'Irena puis le corps inerte de l'oiseau. La cause de la mort du canari, à savoir les griffes d'Irena, ne nous est pas montrée directement et l'acte invisible se fait par conséquent par déduction grâce au « spatium » panthère. Ces deux aspects (l'effectif et l'invisible déduit de l'effectif) sont constitutifs de « l'extensum » du motif, qui prend en compte non pas le plan mais la séquence toute entière comme un réservoir d'espace, notamment d'espace psychique.

Formes et Variations Du Cinéma Fantastique

L'exégèse approfondie de cette séquence nous montre donc à quel point de précision s'élaborait le cinéma de Tourneur, précision tout à fait en accord avec une conception "à la française" de la mise en scène.

Contemporain de la Nouvelle Vague, Georges Franju fit date dans l'histoire du cinéma fantastique français avec son film *Les Yeux Sans Visage*, réalisé en 1959. L'intrigue de ce film, imaginée par le duo Pierre Boileau et Thomas Narcejac (qui signèrent également les histoires de *Les Diaboliques* de Henri-Georges Clouzot et *Vertigo* de Alfred Hitchcock, respectivement réalisés en 1955 et 1958), met en scène le professeur fou Genessier (Pierre Brasseur) affligé par le fait que sa fille (Edith Scob), à la suite d'un accident, ait été défigurée, perdant à jamais sa beauté. Genessier, brillant chirurgien esthétique, espère pouvoir restaurer le visage de sa fille en lui greffant le visage d'autres jeunes filles, kidnappées avec l'aide de son assistante Louise (Alida Valli). Les greffes étant des tentatives qui se soldèrent par des échecs, le spécialiste accumule les victimes pour tenter de rendre à sa fille sa beauté perdue, ce qui éveille les soupçons de sa fille et le mène à sa perte.

D'un point de vue strictement scénaristique, le film s'apparente tout à fait aux "petites" productions de série B américaines, avec un savant fou tueur de jeunes filles, dont la folie l'entraîne dans un engrenage irréversible. Mais ce qui le démarque, c'est l'extrême rigueur avec laquelle le cinéaste traite son propos. Contrairement aux séries B, Franju décide d'adopter une mise en scène tellement sérieuse et explicite que, lors de la séquence où il ôte la peau du visage d'une de ses victimes par exemple, on a vraiment la sensation, en tant que spectateur, d'assister à une opération chirurgicale. Dans cette scène, nous ne sommes plus dans le narratif (l'action n'avance pas), mais bel et bien dans le descriptif. Sa mise en scène devient elle-même "chirurgicale", et là où la plupart des films d'horreur auraient eu recours à l'ellipse en interrompant la séquence par un fondu

Formes et Variations Du Cinéma Fantastique

au noir par exemple, Franju pose sa caméra en témoin intégral de l'horreur. Cet aspect implacable et froid est renforcé par le fait que dans cette scène les personnages ne se parlent pas, ce qui augmente le malaise déjà fortement présent.

Durant les années soixante-dix, on assiste à un courant plutôt marginal d'une sorte de cinéma érotico-fantastique français, avec les films de Jean Rollin (*Le Viol du Vampire* en 1968, *Requiem pour un Vampire* en 1971, *Les Raisins de la Mort* en 1978), les productions françaises du réalisateur espagnol Jess Franco (autour duquel se forma un cercle d'adeptes grâce à la revue *Midi-Minuit Fantastique*), et certains films de Roger Vadim (*...Et Mourir de Plaisir*, *Barbarella*).

Du côté du cinéma plus "traditionnel", il convient de citer quelques films de cinéastes majeurs qui ne se sont aventurés que rarement dans le chemin du fantastique : François Truffaut avec *Fahrenheit 451* en 1966, Jean-Luc Godard avec *Alphaville* en 1965, Alain Resnais avec *L'Année Dernière à Marienbad* en 1961 et Chris Marker avec *La Jetée* en 1964.

En 1983, Pierre Jolivet et Luc Besson co-écrivent ce qui deviendra le premier long métrage réalisé par Luc Besson, *Le Dernier Combat*. Ce film autoproduit et réalisé pour une somme dérisoire dans des conditions d'amateur met en scène deux hommes qui s'affrontent pour ce qui est devenu le dernier trésor sur Terre : la femme. L'action se déroule dans un Paris post-apocalyptique, et la magie opère grâce à une mise en scène ingénieuse : Luc Besson construisit une steadycam de fortune (pour les nombreux travellings) ainsi qu'une louma en bois pour les mouvements de grue. Ce film sera récompensé du prix spécial du jury et de celui de la critique à Avoriaz en 1983.

Pierre Jolivet, co-scénariste du *Dernier Combat*, réalisera en 1991 un film totalement irrigué par un troublant fantastique psychologique, *Simple Mortel*.

Formes et Variations Du Cinéma Fantastique

Avec une absence quasi totale d'effets spéciaux, ce film met en scène un homme pris au piège d'un jeu intergalactique dans lequel des extraterrestres lui transmettent par radio des ordres qu'il doit exécuter pour sauver la Terre. Véritable parabole sur la destinée et la manipulation de l'être humain, ce film modeste parvient à se hisser au rang des plus grandes réussites grâce à une tension persistante et un scénario précis et efficace qui sait éviter toute fioriture.

Dans cette décennie (du début des années quatre-vingt jusqu'au début des années quatre-vingt-dix), peu d'occurences du cinéma fantastique français se révèlent. On peut citer toutefois *Baby Blood* de Alain Roback (unique tentative d'un cinéma gore français), *Baxter* de Jérôme Boivin (qui reprend la thématique du danger du monde animal, ici un chien tueur), ou encore le poétique *Tom et Lola* de Bertrand Arthuys (qui raconte l'histoire de deux "enfants-bulles").

Il faudra attendre la sortie de *Delicatessen* réalisé par le duo Marc Caro et Jean-Pierre Jeunet, pour atteindre une autre forme de fantastique, à mi-chemin entre comédie et poésie qui éloigne finalement le film du fantastique le plus pur (celui par exemple de leur moyen métrage *Le Bunker de la dernière rafale*, présenté en double programme à Paris avec *Eraserhead* de David Lynch) pour le conduire du côté du merveilleux. Ils recréeront cet univers singulier avec leur second long-métrage, *La Cité des Enfants Perdus*. Ce film, que l'on peut considérer comme la réponse française à l'univers de Terry Gilliam, élabore un monde fantastique où un scientifique fou et méchant du nom de Krank (Daniel Emilfork), ses fils clônés et une armée de monstres cyclopes kidnappent des enfants, afin de leur voler leur esprit innocent et rêveur. Le film eut un succès international et les Américains offrirent l'opportunité à Jean-Pierre Jeunet de réaliser le quatrième volet de la saga Alien, *Alien Resurrection*. Pur produit de studio, Jeunet parvient difficilement à garder intact son style de mise en scène pour ce film et ne retrouvera sa singularité de réalisateur que de retour en France avec *Le Fabuleux Destin d'Amélie Poulain*.

Formes et Variations Du Cinéma Fantastique

A la fin des années quatre-vingt dix, on assiste à la naissance d'une nouvelle société de production française, au nom évocateur de *Bee Movies*. Filiale de *Fidélité Productions*, cette société a pour but de développer une collection de séries B fantastiques typiquement françaises. Petits budgets, intentions modestes, compensées par des trouvailles scénaristiques et des idées de mise en scène astucieuses, l'intention de départ des producteurs Marc Missonier et Olivier Delbosc s'est révélée jusqu'à présent légèrement en "décalage" par rapport à l'attente d'un nouveau courant fantastique français qu'a provoqué cette volonté première, et la réussite de ces projets (tant au niveau artistique que commercial) est encore à démontrer. Parmi les films produits dans ce cadre, on peut citer *Jeux d'Enfants* de Laurent Thuel, *Bloody Mallory* de Julien Magnat, *Requiem* de Hervé Renoh, ou encore le récent *Maléfique* d'Eric Valette, récompensé au dernier festival du film fantastique de Gerardmer.

Même si les résultats escomptés ne sont pas encore au rendez-vous de cette tentative d'initier une nouvelle forme de cinéma, l'effort de vouloir créer un courant de cinéma fantastique français, revendiqué comme un véritable cinéma d'exploitation, est très intéressant et sera peut-être la solution afin de créer des émergences originales d'un cinéma qui n'a jusqu'alors pas eu d'existence épaisse et tangible dans un pays comptant pourtant parmi les plus cinéphiles et les plus vivaces créateurs de formes cinématographiques depuis la naissance de cet art.

Une des explications de la difficulté à faire sourdre un vrai cinéma fantastique dans notre pays réside sans doute dans l'impossibilité à fidéliser le public, dans l'incapacité à créer un réel "réservoir" de formes fantastiques et donc par manque de répétitions et de récurrences de ces mêmes formes. Le phénomène de répétition étant, comme nous l'avons vu, un composant essentiel du genre, notre cinématographie se doit de puiser dans ce qui a fait le cinéma fantastique jusqu'à présent dans les autres nations, s'inspirer de leurs motifs, s'approprier leurs thèmes et les façonner à notre caractère. C'est une des garanties d'une future viabilité d'un vrai cinéma fantastique français.

C'est en quelque sorte à ce genre de démarche à laquelle nous avons eu recours concernant la partie illustrative du présent mémoire.

Formes et Variations Du Cinéma Fantastique

Analyse de
La Partie Pratique

Durant la première année de notre cursus à l'école Louis Lumière, chaque élève doit réaliser un court-métrage (appelé "TP Réalisation") en format super 16mm, en ayant recours à des paramètres (logistiques, techniques, formels) précis. Chaque TP Réalisation illustre un paramètre de mise en scène choisi en préparation, tels que "stratification", "champ/contre-champ", "échelle de plans", "angulation" ou "mouvement de caméra". Pour ma part, c'est ce dernier paramètre que j'avais choisi de mettre en scène.

Pour chaque TP Réalisation, nous disposons d'une journée de tournage en studio, d'une bobine de 122 mètres de pellicule 16mm (soit environ dix minutes d'images), d'une prise de son directe et d'une journée de préparation du décor. L'équipe de tournage est composée de la moitié de la classe, soit huit personnes au total (réalisateur, chef opérateur, premier assistant, cadreur, scripte, et trois électriciens/machinistes).

Formes et Variations Du Cinéma Fantastique

"IN THE RED"

Mon court-métrage, intitulé *In The Red*, était une sorte de variation sur le thème de la "screaming girl" poursuivie par un zombie, qui se réveille plusieurs fois de suite sans que le spectateur ne sache jamais si il évolue dans son cauchemar ou dans la réalité. Ce film, d'une durée de trois minutes (générique compris), a donc été réalisé en une journée de tournage, avec une bobine 16mm de 10 minutes.

En discutant avec le chef opérateur, nous nous sommes mis d'accord sur l'emploi de teintes très colorées (essentiellement de la gélatine rouge) afin de procurer un aspect cauchemardesque et onirique au récit, et également dans le souci de s'inscrire dans un style visuel très référentiel (proche notamment de certains films de Dario Argento).

Dans le cadre de la partie pratique du présent mémoire, j'ai souhaité illustrer un des aspects essentiels du cinéma fantastique, à savoir : le phénomène de répétition.

Comme nous l'avons évoqué précédemment, le phénomène de récurrence dans le cinéma qui nous intéresse ici est un élément primordial afin de comprendre les enjeux et les paramètres composant le genre.

Genre populaire par essence, le cinéma fantastique a toujours eu besoin d'une profonde interaction avec son public pour exister. Pour ce faire, pour créer la "fidélisation" a son univers, le recours aux mêmes motifs, aux mêmes peurs, aux mêmes thèmes est essentiel. Pour mieux appréhender le fantastique dans lequel on va le faire évoluer, le spectateur a besoin de bases, de repères, besoin

Formes et Variations Du Cinéma Fantastique

de ressentir une impression "familière" (voire même bien souvent une sensation de "déjà-vu"), afin qu'il pénètre plus promptement et plus pleinement dans un univers qui lui est – par définition – étranger.

Par exemple, le personnage de Freddy Krueger (Robert Englund) introduit par le réalisateur Wes Craven en 1984 avec le film *A Nightmare on Elm Street* (*Freddy, Les Griffes de la Nuit*) est entré dans "l'inconscient collectif" de la plupart des cinéphiles amateurs de frissons, ce qui permit lors des nombreuses suites (environ une dizaine) de faire l'économie d'introduire ce personnage maléfique et ses motivations.

Cet aspect spécifique de la répétition et du réemploi des mêmes codes a des règles bien précises qui exigent rigueur et innovation de la part des créateurs. C'est-à-dire qu'il faut non seulement conserver suffisamment de redondance pour ne pas perdre le spectateur et lui donner envie de retrouver les sensations éprouvées lors du ou des épisode(s) précédent(s), mais il faut également sans cesse renouveler le propos, afin d'apporter un "plus" qui incite le spectateur à revenir.

Il y a alors deux cas de figure. Soit, lors du premier opus, on décide d'élaborer une fin ouverte, où une question reste en suspend et où il est admis que la réponse sera délivrée dans le film suivant. Soit on augmente les effets visuels, l'intérêt de l'intrigue, on rajoute des éléments, etc... en un mot, on promet d'en "donner plus" au spectateur. Dans ce cas, la surenchère (lorsqu'elle sert l'histoire et qu'elle est bien utilisée) n'est pas à exclure et peut être un bon outil d'incitation. Il arrive souvent que ces deux paramètres soient mêlés afin d'augmenter l'envie du public de revenir.

Toutefois, l'autre règle primordiale qu'il faut conserver à l'esprit et qui est intrinsèque à la première notion, c'est qu'il ne faut jamais considérer, lorsqu'on conçoit une suite, que les spectateurs ont *obligatoirement* vu le premier film. D'abord, parce que ceux qui n'ont pas vu la première histoire auraient des soucis de compréhension et d'adhésion à l'univers présenté. Ensuite, parce que chaque

Formes et Variations Du Cinéma Fantastique

film doit avoir une identité propre, exister comme un film, indépendemment de ce qui l'entoure où le précède, ayant ses propres début, développement et fin.

En résumé, lorsqu'on élabore une ou des suite(s), on se doit de réemprunter certains motifs et thèmes s'apparentant à la source qu'est le premier film, tout en s'en détachant suffisamment pour ne pas lasser le public et renouveler le propos. On doit se réclamer de "l'oeuvre-source", en faire sa référence, sans toutefois en être dépendant, pour exister en tant qu'oeuvre homogène. L'exercice des suites est donc un jeu sensible entre tous ces paramètres, l'établissement d'un équilibre à mi-chemin entre ces données précises.

Pour réaliser les suites de mon premier court-métrage, *In The Red*, réalisé en première année, j'ai tenté de garder à l'esprit tous ces codes afin de recréer à une infime échelle (le court-métrage) et de façon "artificielle" (en effet, ici, pas de commercialisation donc pas de fidélisation d'un éventuel public...) le phénomène des suites dans le cinéma fantastique.

Le coût du premier *In The Red* s'élevant à environ 300 euros (développement et tirage droit en télécinéma d'une bobine de 122 m) et chaque élève disposant d'un budget de 650 euros pour réaliser sa partie pratique de mémoire, j'ai eu la possibilté de réaliser deux séquelles à mon court métrage de première année, accédant ainsi à la réalisation d'une trilogie.

Au sujet des paramètres logistiques et dans un souci de continuité, j'ai décidé de tourner à nouveau en super 16mm. Cette fois-ci, j'ai disposé d'une journée supplémentaire de tournage par film par rapport à *In The Red*, soit deux jours pour chaque film. Comme dans le premier opus, chaque suite comporte deux personnages, à l'exception de l'épilogue du troisième épisode.

ENS Louis Lumière 2004.

Formes et Variations Du Cinéma Fantastique

"BACK IN THE RED"

Le second film, intitulé *Back In The Red*, est la suite directe de *In The Red*. La jeune fille est en proie à de violents cauchemars, et décide d'aller prendre des somnifères dans la salle de bain. Victime d'hallucinations successives (insectes vivants à la place des comprimés, zombie dans le reflet du miroir, verre rempli de sang), elle est finalement agressée réellement par le mort-vivant, tout droit sorti du lavabo. Dans sa fuite, elle saisit un flacon de démaquillant, asperge le zombie avec, ce qui le fait fondre jusqu'à la mort. Epuisée et traumatisée par cette expérience, la jeune femme se tient immobile, adossée à sa baignoire, lorsqu'un second zombie apparaît derrière elle sans qu'elle s'en aperçoive.

Pour ce film, toutes les règles énoncées auparavant concernant les suites sont respectées.

Nous retrouvons les deux mêmes personnages (rôles interprétés d'ailleurs par les mêmes acteurs) que dans *In The Red*, la même ambiance sonore (pas de dialogue, du rock and roll pour le générique, les cris de la femme, les râles du zombie), un rouge persistant pour rappeler la prédominance de cette couleur dans le premier épisode (un peu comme une "signature"), la simplicité de l'intrigue qui se résume à quelques actions chocs, l'unité de lieu (ici la salle de bain, dans le premier la chambre), le mélange constant entre visions cauchemardesques et réalité fragile, ...

De plus, nous sommes face à des images plus "fortes" sur le plan visuel que dans *In The Red*, c'est-à-dire qu'il y a plus d'innovation au niveau des effets "chocs" : là où le premier film se limitait à une succession de réveils brutaux, les peurs du personnage féminin se diversifient (insectes, sang, ...) et l'agonie du

Formes et Variations Du Cinéma Fantastique

zombie s'avère plus violente et grandiloquente que tous les effets visuels de *In The Red* réunis.

On peut également noter le fait que *Back In The Red* répond à une attente des spectateurs de *In The Red*, car la fin ouverte et mystérieuse de celui-ci laissait la question de la présence réelle ou fantasmée du mort-vivant en suspend. Deux ans après, *Back In The Red* répond enfin à la question que tout le monde se posait ! Rien de tel alors pour inciter le public à se ruer dans les salles obscures afin d'assouvir sa curiosité ! Est illustré ici un principe fondamental du bon fonctionnement des suites de films et du phénomène de répétition pour fidéliser les spectateurs.

Back In The Red fournit ainsi tous les repères necessaires au spectateur pour qu'il se sente dans un univers familier, et transgresse suffisamment tous ces mêmes repères afin de renouveler la série, jusqu'à provoquer même la mort du zombie, point ultime que n'avait pas atteint l'intrigue du premier film. La fin de *Back In The Red* (la mort du zombie) est d'ailleurs le moyen d'introduire une nouvelle fin ouverte, en mettant en scène un troisième personnage, qui sera repris pour le troisième opus. C'est ici l'occasion d'offrir une variation au principe scénaristique mené dans les deux premiers épisodes, c'est-à-dire l'arrivée d'un nouveau personnage qui permet d'élargir l'univers en présence et laisse entrevoir un éventail de possibilités diégétiques pour un éventuel troisième film. On aurait pu penser, en effet, à la vision de la mort du personnage qui était l'essence-même de l'intrigue jusqu'alors, que l'on assistait à la fin de "l'épopée" *In The Red* I & II, et l'apparition de ce nouveau zombie dans les ultimes secondes du deuxième film relance totalement les possibilités de retrouver à nouveau la "screaming girl" et ses angoisses une fois prochaine...

Formes et Variations Du Cinéma Fantastique

"IN THE RED III : BLOODY WOODS"

La fin pleine de promesses de *Back In The Red* trouve logiquement son écho dans le dernier épisode de la trilogie, *In The Red III : Bloody Woods* qui met en scène le zombie sorti de la baignoire à la fin de *Back In The Red*.

L'intrigue de *In The Red III : Bloody Woods* se déroule, comme son titre le laisse entendre, dans une forêt. Notre héroïne est endormie dans un lit, mystérieusement installé au beau milieu des bois. Elle se réveille en sursaut et s'enfuit, se sentant agressée par une entité menaçante. A plusieurs reprises, elle se rend compte qu'elle est poursuivie et lorsqu'elle se retourne, le zombie (celui qui l'on voyait surgir de la baignoire à la fin de *Back In The Red*) a disparu... ayant compris qu'il se volatilisait dès qu'elle tentait de le regarder, elle parvient à le percuter avec un morceau de verre brisé tout en fermant les yeux. Malheureusement, le mort-vivant disparaîtra une dernière fois alors que l'héroïne, dans un excès de folie meurtrière (justifiée d'ailleurs par l'accumulation d'effrois qu'a dû endurer la jeune femme dans les deux premiers films), pensait se débarrasser de son ennemi. Cet épisode provoquera la folie de notre "screaming girl", qui, dans un épilogue dramatique, tuera tous les malheureux visiteurs de cette forêt désormais maudite...

Le numéro trois d'une trilogie doit, comme le numéro deux, faire preuve de renouvellement, d'originalité, tout en gardant des éléments référentiels à l'oeuvre-source. On retrouve donc le même personnage féminin (interprété par la même actrice) dans une "nouvelle aventure". Le choix d'un décor en extérieur est important car cela permet de faire "respirer" la série (après la chambre dans le n°I et la salle de bains dans le n°II, le choix d'une autre pièce pour le n°III aurait lassé le spectateur et serait allé à l'encontre du renouvellement nécessaire évoqué ici). De plus, on remarque que bien souvent dans les séries, le troisième épisode

Formes et Variations Du Cinéma Fantastique

est moins le lieu de la surenchère et d'une débauche d'effets comme le sont les numéros deux, mais plus une extension ou une variation de l'histoire, le passage à un autre état. *Bloody Woods* se rapproche du premier *In The Red* dans la simplicité des événements, mais les enjeux sont différents car la jeune femme est expulsée de son sommeil dès le départ, alors que dans *In The Red* elle ne parvient pas, au contraire, à s'en extraire.

Une nouvelle fois, les mêmes "recettes" d'effroi sont reprises dans ce film, où nous sommes encore en présence d'un univers binaire (le Bien / le Mal, la femme / le zombie), avec une unité de lieu (la forêt), toujours aucun dialogue (on évolue dans le ressenti et non pas dans le cérébral), du rock and roll en ambiance sonore, et une simplicité outrancière de l'intrigue qui va sans détour vers son propos implacable. En tant que troisième et dernier épisode de la trilogie, *Bloody Woods* détient également en lui un discours apocalyptique de chaos irréversible, comme si rien après ne pourra plus jamais succéder à toutes ces péripéties. On assiste en effet à une totale révolution de la situation d'origine, où la représentante du Bien passe dramatiquement de l'autre côté, et bouleverse alors de façon rétroactive l'ensemble de la trilogie. C'est donc certes une fin ouverte qui s'amorce ici (on peut imaginer que la jeune femme reprend le "flambeau" des méfaits des zombies), mais c'est aussi et surtout un état de non-retour qui clôt puissamment la trilogie et met un terme à tous les événements vus jusqu'alors. Fin de la trilogie, fin d'un univers.

Formes et Variations Du Cinéma Fantastique

THE RED TRILOGY

ENS Louis Lumière 2004.

Formes et Variations Du Cinéma Fantastique

Le cinéma fantastique utilise sans cesse les mêmes motifs, les mêmes thèmes, et raconte toujours les mêmes histoires. Il n'est donc pas compliqué de se positionner dans ce genre singulier et de "faire" du fantastique.

La difficulté d'émerger dans ce style réside précisément dans cette restriction des champs d'expression fantastique. Le défi à relever est de continuellement faire du neuf avec du vieux et de recycler inlassablement nos peurs. *In The Red*, *Back In The Red* et *In The Red III : Bloody Woods* sont trois fois le même film, et ces trois films ressemblent à des centaines d'autres. Le cinéma fantastique n'a, d'autant plus, rien inventé car il n'a jamais fait que s'inspirer sans cesse de son aînée, la littérature.

Néanmoins, c'est un des genres cinématographiques les plus répandus et les plus vivaces que le septième art ait connu, et jamais il ne semble pouvoir se tarir. C'est donc dans cette singularité que le cinéma fantastique puise son essence, en revenant sans cesse s'abreuver dans le même "réservoir horrifique" qui contient nos peurs ancestrales, communes à chacun de nous, et en empruntant divers chemins (selon l'époque, le discours, l'intention) pour aboutir au même objectif : l'adhésion du spectateur à une réalité qui lui est étrangère.

Formes et Variations Du Cinéma Fantastique

FILMOGRAPHIE

1896

-L'Escamotage d'une Dame (France) de Georges Méliès

1902

-Voyage dans la Lune (France) de Georges Méliès

-Tempête dans une Chambre à Coucher (France) de Ferdinand Zecca

1906

-Les Quatre Cents Farces du Diable (France) de Geroges Méliès

1909

-Excursion dans la Lune (Espagne) de Segundo de Chomon

1910

-Frankenstein (USA) de J. Searle Dawley

1912

-La Conquête du Pôle (France) de Georges Méliès

1913

-Fantômas (France) de Louis Feuillade

1915

-Les Vampires (France) de Louis Feuillade

Formes et Variations Du Cinéma Fantastique

1919

-Barrabas (France) de Louis Feuillade

1920

-Le Cabinet du Docteur Caligari (Allemagne) de Robert Wiene
-Le Golem (Allemagne) de Paul Wegener
-Docteur Jekill and Mister Hyde (USA) de John S. Robertson

1921

-La Sorcellerie à travers les Ages (Danemark) de Benjamin Christensen
-Les Trois Lumières (Allemagne) de Fritz Lang

1922

-Nosferatu Le Vampire (Allemagne) de Murnau

1924

-Le Cabinet des Figures de Cire (Allemagne) de Paul Leni

1926

-L'Oiseau Noir (USA) de Tod Browning

1927

-La Volonté du Mort (USA) de Paul Leni
-Le Perroquet Chinois (USA) de Paul Leni
-Londres Après Minuit (USA) de Tod Browning
-L'Inconnu (USA) de Tod Browning

Formes et Variations Du Cinéma Fantastique

1928

-A L'Ouest de Zanzibar (USA) de Tod Browning

-La Chute de la Maison Usher (France) de Jean Epstein

1931

-Dracula (USA) de Tod Browning

-Frankenstein (USA) de James Whale

1932

-L'Ile du Docteur Moreau (USA) de E.C. Kenton

-Freaks (USA) de Tod Browning

1933

-Les Masques de Cire (USA) de Michael Curtiz

-Les Chasses du Comte Zaroff (USA) de Ernest B. Schoedsack

-King Kong (USA) de M.C. Cooper et Ernest B. Schoedsack

1942

-La Féline (Cat People, USA) de Jacques Tourneur

1943

-I Walked with a Zombie (USA) de Jacques Tourneur

1945

-La Belle et la Bête (France) de Jean Cocteau

1957

-Frankenstein s'est échappé (G-B.) de Terence Fisher

Formes et Variations Du Cinéma Fantastique

1959

-Les Yeux sans Visage (France) de Geroges Franju

1958

-Le Cauchemar de Dracula (G-B.) de Terence Fisher

1960

- House of Usher (USA) de Roger Corman
- Le Masque du Démon (Italie) de Mario Bava
- Le Testament d'Orphée (France) de Jean Cocteau

1961

- The Pit and the Pendulum (USA) de Roger Corman

1962

- Premature Burial, The (USA) de Roger Corman
- Tales of Terror (USA) de Roger Corman
- L'Effroyable Secret du Docteur Hichcock (Italie) de Riccardo Freda

1963

- Blood Feast (USA) de Herschell Gordon Lewis
- The Haunted Palace (USA) de Roger Corman

1964

- 2000 Maniacs (USA) de Herschell Gordon Lewis
- Six femmes pour l'assassin (Sei donne per l'assassino, Italie) de Mario Bava
- The Masque of the Red Death (USA) de Roger Corman
- La Vierge de Nuremberg (Italie) de Antonio Margheriti

Formes et Variations Du Cinéma Fantastique

1965

- The Tomb of Ligeia (USA) de Roger Corman

1968

- La Nuit des morts-vivants (The Night of the Living Dead, USA) de George Romero
- Rosemary's Baby (USA) de Roman Polanski
- Le Viol du Vampire (France) de Jean Rollin

1971

- La Baie sanglante (Ecologia del delitto/Reazione a catena, Italie) de Mario Bava
- Requiem pour un Vampire (France) de Jean Rollin

1972

- La Dernière maison sur la gauche (The last House on the left, USA) de Wes Craven

1973

- L'Exorciste (The Exorcist, USA) de William Friedkin
- The Holy Mountain (Mexique) de Alejandro Jodorowsky

1974

- Massacre à la tronçonneuse (The Texas Chainsaw Massacre, USA) de Tobe Hooper
- Chair pour Frankenstein (France/Italie) de Andy Warhol
- Du Sang pour Dracula (France/Italie) de Andy Warhol

1975

- Les Frissons de l'angoisse (Profondo Rosso, Italie) de Dario Argento

Formes et Variations Du Cinéma Fantastique

-Les Dents de la Mer (Jaws, USA) de Steven Spielberg
-La Malédiction (The Omen, USA) de Richard Donner

1977
-Suspiria (Italie) de Dario Argento

1978
-Zombie (Dawn of the Dead, USA/Italie) de George A. Romero
-Les Raisins de la Mort (France) de Jean Rollin

1979
-Alien (USA) de Ridley Scott
-L'enfer des zombies (Zombi 2, Italie) de Lucio Fulci
-La Nuit des masques (Halloween, USA) de John Carpenter
-Inferno (Italie) de Dario Argento
-Anthropophageous (Anthropophagus, Italie) de Joe D'Amato
-Eraserhead (USA) de David Lynch

1980
-Vendredi 13 (Friday the 13th, USA) de Sean S. Cunningham
-Maniac (USA) de William Lustig
-Frayeurs (Italie) de Lucio Fulci
-L'Au-Dela (Italie) de Lucio Fulci
-Shining (USA) de Stanley Kubrick

1981
-Hurlements (USA) de Joe Dante
-Halloween II (USA) de Rick Rosenthal

Formes et Variations Du Cinéma Fantastique

1982

-Halloween III : Season of the Witch (USA) de Tommy Lee Wallace

-La Maison Près du Cimetière (Italie) de Lucio Fulci

-Evil Dead (The Evil Dead, USA) de Sam Raimi

-Ténèbres (Tenebrae, Italie) de Dario Argento

1983

-Videodrome (USA) de David Cronenberg

-Le Dernier Combat (France) de Luc Besson

1984

-Les Griffes de la nuit (A Nightmare on Elm Street, USA) de Wes Craven

1985

-Freddy II (A Nightmare on Elm Street Part 2 : Freddy's Revenge, USA) de Jack Sholder

-La Chose (The Thing, USA) de John Carpenter

-Ré-Animator (Re-Animator, USA) de Stuart Gordon

-Le Jour des morts-vivants (Day of the Dead, USA) de George A. Romero

1986

-Street Trash (USA) de Jim Muro

-Creepshow (USA) de Georges A. Romero

-The Fly (La Mouche, USA) de David Cronenberg

-Alien 2 (Aliens, USA) de James Cameron

Formes et Variations Du Cinéma Fantastique

1987

-Le Retour des Morts-Vivants (Return of the Living Dead, USA) de Dan O'Bannon.
-Prince des Ténèbres (Prince of Darkness, USA) de John Carpenter
-Evil Dead II (The Evil Dead II, USA) de Sam Raimi
-Hellraiser, le pacte (Hellraiser, Grande-Bretagne) de Clive Barker
-Bad Taste (Nouvelle-Zélande) de Peter Jackson
-La Mouche (The Fly, USA) de David Cronenberg
-Freddy III (A Nightmare on Elm Street III : Dream Warriors, USA) de Chuck Russel

1988

-Hellraiser 2 : les ecorchés (Hellbound, USA/Grande-Bretagne) de Tony Randel
-Halloween IV : The Return of Michael Myers (USA) de Dwight H. Little
-Freddy IV (A Nightmare on Elm Street 4 : The Dream Master, USA) de Renny Harlin
-Tetsuo (Japon) de Shinia Tsukamoto

1989

-Halloween V (USA) de Dominique Othenin-Girard
-Freddy V (A Nightmare on Elm Street : The Dream Child, USA) de Stephen Hopkins
-Santa Sangre (Mexique/Italie) de Alejandro Jodorowsky

1990

-Society (USA) de Brian Yuzna
-Edward Scissor's hands (Edward aux Mains d'Argent, USA) de Tim Burton

Formes et Variations Du Cinéma Fantastique

1991

-Cabal (USA) de Clive Barker
-Freddy VI (Freddy's dead : The Final Nightmare, USA) de Rachel Talalay
-Simple Mortel (France) de Pierre Jolivet

1992

-Brain Dead (Nouvelle-Zélande) de Peter Jackson
-Bram Stoker's Dracula (USA) de Francis Ford Coppola
-Alien 3 (USA) de David Fincher

1993

-Le Retour des morts-vivants III (Return of the Living Dead, Part III, USA) de Brian Yuzna

1994

-Freddy VII (New Nightmare, USA) de Wes Craven
-Entretien avec un Vampire (USA) de Neil Jordan

1995

-Le Maître des Illusions (USA) de Clive Barker
-Dellamorte Dellamore (Italie) de Michele Soavi
-Halloween : The Curse of Michael Myers (USA) de Joe Chappelle

1997

-Alien Resurrection (USA) de Jean-Pierre Jeunet

Formes et Variations Du Cinéma Fantastique

1998

-Vampires (USA) de John Carpenter avec James Woods, Daniel Baldwin.

-Halloween H20 : 20 Years Later (USA) de Steve Miner

-Ring (Japon) de Hideo Nakata

1999

-Charisma (Japon) de Kiyoshii Kurosawa

2000

-Audition (Japon) de Takashi Miike

2001

-Kaïro (Japon) de Kiyoshii Kurosawa

2002

- Halloween : Resurrection (USA) de Rick Rosenthal

2003

-Massacre à la Tronçonneuse (The Texas Chainsaw Massacre, USA) de Marcus Nispel

-The Ring (USA) de Gore Verbinski

2004

-Dawn of the Dead (USA) de Zack Snyder

BIBLIOGRAPHIE

OUVRAGES SUR LE FANTASTIQUE

En littérature :

– **Introduction à la Littérature fantastique**, Tzvetan Todorov, collections Points Essais, éditions Le Seuil, Paris, 1970.

– **La Dimension Fantastique**, Anthologie présentée par Barbara Sadoul, collection Librio, Paris, 1996.

–**La Séduction de l'Etrange**, Etude sur la Littérature Fantastique, Louis Vax, éditions Quadrige/Presses Universitaires de France, Paris, 1965, réédition 1987.

–**Le Fantastique**, Joël Malrieu, collection Contours Littéraires, éditions Hachette Supérieur, Paris, 1992.

–**Le Fantastique**, Daniel Couty, collection Les Thèmes Littéraires, éditions Bordas, Paris, 1986, Réédition 1989.

–**Les Maîtres du Fantastique en Littérature**, François Raymond et Daniel Compère, collection Les Compacts, éditions Bordas, Paris, 1994.

–**Les Maîtres de la Science-Fiction**, Lorris Murail, collection Les Compacts, éditions Bordas, Paris, 1993.

–**La Littérature Fantastique**, Jean-Luc Steinmez, collection Que-Sais-Je ? n°907, éditions Presses Universitaires de France, Paris, 1990, réédition corrigée 1993.

–**Encyclopédie de l'utopie, des voyages extraordinaires et de la science-fiction**, Pierre Versins, éditions L'Age d'Homme, Lausanne, 1972.

Formes et Variations Du Cinéma Fantastique

Au cinéma :

–**Interviews with B Science-Fiction and Horror Movie Makers**, Tom Weaver, McFarland editions, Jefferson (North Carolina), 1988.

–**Vie des Fantômes, le Fantastique au cinéma**, Jean-Louis Leutrat, collection Essais, éditions Cahiers du Cinéma, Paris, 1995.

–**Histoires du Cinéma Fantastique**, Gérard Lenne, éditions Seghers, Paris, 1989.

–**Les Classiques du Cinéma Fantastique**, Jean-Marie Sabatier, éditions Balland, Paris, 1973.

–**Le Cinéma Fantastique**, Patrick Brion, éditions de la Martinière, Paris, 1994.

–**Le Cinéma Fantastique, contribution à une analyse du Fantastique à l'écran**, Christian Oddos, éditions Guy Authier, Paris, 1977.

–**Nightmare Movies, a critical history of the horror movie from 1968**, Kim Newman, Bloomsbury editions, Londres, 1984, réédition complétée 1988.

–**Necronomicon book 3, Horror & Erotic Cinema**, edited by Andy Black, Noir Publishing, Londres, 1999.

–**Les Visages de L'Horreur**, Philippe Ross, collection cinégraphiques, edilig éditions, Paris, 1985.

–**Le Film d'Epouvante**, Philippe Ross, collection Les Grands Genres, J'ai Lu Cinéma éditions, Paris, 1989.

–**The BFI Companion to Horror**, edited by Kim Newman, BFI Publishing, Foreword by Ramsay Campbell, Cassell editions, Londres, 1996.

Formes et Variations Du Cinéma Fantastique

Périodiques :

– **Essais sur le Cinéma Fantastique** (1ère partie), Charles Tesson, Cahiers du Cinéma n°331, janvier 1982.

– **Essais sur le Cinéma Fantastique** (2ème partie), Charles Tesson, Cahiers du Cinéma n°332, février 1982.

Ouvrages Divers :

– **Photogénie de la Série B**, Charles Tesson, éditions des Cahiers du Cinéma, Paris, 1997.

– **La Littérature et la Mort**, Michel Picard, Presses Universitaires de France Ecriture, Paris, 1995.

– **Principes d'une Esthétique de la Mort, les modes de présences, les présences immédiates, le seuil de l'au-delà**, Michel Guiomar, collection Biblio Essais, éditions José Corti, Paris, 1967.

– **Cinquante Ans de Cinéma Américain**, J.-P. Coursodon et B. Tavernier, collection Omnibus, éditions Nathan, Paris, 1995.

– **Dictionnaire du Cinéma**, Tome I **"Les Réalisateurs"**, collection Bouquins, éditions Robert Laffont.

– **Le Cinéma Américain. les 80's**, Olivier-René Veillon, éditions du Seuil, Paris, 1988.

– **Confessions 2 :Un Siècle de Cinéma Américain par ceux qui l'ont fait**, Eric Leguèbe, ifrance éditions, Paris, 1995.

– **Amis Américains, Entretiens avec les Grands Auteurs d'Hollywood**, Bertrand Tavernier, Institut Lumière/Acte Sud, Paris, 1993.

– **Enquête sur Edgar Allan Poe, poète américain**, Georges Walter, Flammarion, Paris, 1991.

– **Attack of the Monster Movie Makers. Interviews with 20 Genre Giants**, Tom Weaver, McFarland and Company editions, Jefferson (North Carolina), 1994.

Oui, je veux morebooks!

I want morebooks!

Buy your books fast and straightforward online - at one of the world's fastest growing online book stores! Environmentally sound due to Print-on-Demand technologies.

Buy your books online at
www.get-morebooks.com

Achetez vos livres en ligne, vite et bien, sur l'une des librairies en ligne les plus performantes au monde!
En protégeant nos ressources et notre environnement grâce à l'impression à la demande.

La librairie en ligne pour acheter plus vite
www.morebooks.fr

OmniScriptum Marketing DEU GmbH
Heinrich-Böcking-Str. 6-8
D - 66121 Saarbrücken
Telefax: +49 681 93 81 567-9

info@omniscriptum.com
www.omniscriptum.com

www.ingramcontent.com/pod-product-compliance
Lightning Source LLC
Chambersburg PA
CBHW021801230426
43669CB00006B/160